W0327477

Ein Buch schreiben

Wie du in weniger als 4 Wochen dein erstes Ratgeber-eBook oder Taschenbuch schreibst und es bei Amazon ohne Kosten veröffentlichst

Autor: Michael Jäckel

1. Auflage 2019

ISBN: 9781796656763

Dieses Buch ist urheberrechtlich geschützt.

Alle Rechte liegen beim Autor.

Jegliche Vervielfältigung, auch auszugsweise, durch Kopieren, Übersetzen, Speichern in Datenbänke oder elektronische Systeme sowie auf Mikrofilmen usw. ist ausdrücklich untersagt.

Zuwiderhandlung wird zivil- und strafrechtlich verfolgt.

Sie erhalten ausdrücklich kein Wiederverkaufsrecht an diesem Buch.

Haftungsausschluss:

Die Inhalte dieser Publikation wurden sorgfältig recherchiert. Fehler sind jedoch nicht ganz auszuschließen.

Autor und Verlag übernehmen keinerlei juristische Verantwortung oder Haftung für Schäden, die durch eventuell verbliebene Fehler entstehen.

Warenzeichen werden ohne Gewährleistung der freien Verwendbarkeit benutzt und sind möglicherweise eingetragene Warenzeichen.

Dieses Buch ist all denen gewidmet, die Freude am Schreiben haben, sich aber nicht trauen oder nicht wissen, wie man ein Buch oder eBook schreibt und ganz ohne Kosten und Risiko veröffentlicht.

Glaube mir, es ist einfacher, als du denkst.

Inhalt

Einleitung

Hallo, ich bin Michael Jäckel, der Autor dieses Buches. Ich freue mich sehr, dass du dieses Buch gekauft hast.

Du kannst sicher sein, dass sich der Kauf für dich lohnen wird.

In der Regel gibt es zwei Beweggründe, warum meine Leser dieses Buch kaufen.

Zum einen sind es Menschen, die schon immer gern geschrieben, aber nicht im Traum daran gedacht haben, ein eigenes Buch zu veröffentlichen.

Zum anderen sind es Menschen, die davon gehört haben, dass mit dem Veröffentlichen von eBooks und Taschenbüchern bei Amazon gutes Geld verdient werden kann. Und das, ohne selbst auch nur einen Euro dafür bezahlen zu müssen.

Wenn du zu der ersten Kategorie, also zu denen zählst, die gern schreiben, bist du im Vorteil. Denn du verknüpfst die Leidenschaft zum Schreiben mit der Möglichkeit, nebenbei damit passiv gutes Geld zu verdienen. Was „passiv Geld verdienen“ bedeutet, erfährst du gleich.

Aber auch, wenn du nur Geld mit eBooks und Taschenbüchern verdienen willst, ist dieses Buch ideal für dich.

Warum ist das so?

Seit vielen Monaten grassiert im Internet ein Geschäftsmodell, das auf den ersten Blick hochinteressant scheint. Es basiert darauf, viele eBooks bei Amazon zu populären Themen wie:

- Dating
- Abnehmen
- Rezepte
- Muskelaufbau
- und ähnlichem

zu veröffentlichen. So schaffst du dir in wenigen Monaten einen Pool von 60 eBooks und mehr.

Nun kann natürlich niemand 60 eBooks in 2 Monaten schreiben, schon gar nicht, wenn sie qualitativ hochwertig sind. Deshalb sucht man sich mehrere Ghostwriter, die für möglichst wenig Geld eBook-Texte schreiben.

In der Regel kosten diese Texte 2 – 3 Cent je Wort. Damit die Texte nicht zu teuer werden, begnügt man sich mit 3500 - 5000 Worten, also mit Texten, die zwischen 70,00 und 150,00 Euro kosten.

Da sich aber viele auf diese Themen stürzen und nahezu täglich neue Bücher mit Low Carb Rezepten, Dating Tipps für Männer und Frauen usw. veröffentlicht werden, halten sich diese Bücher nur selten länger auf der ersten Angebotsseite im Amazon Kindle Shop und viele spielen nicht einmal ihre Kosten wieder ein.

Schnell kommt man dahinter, dass sich nur eBooks lohnen, die qualitativ hochwertig sind. Qualitativ hochwertige Texte bekommst du aber nicht für 2 Cent je Wort und ein gutes eBook, besonders dann, wenn aus diesem Text auch ein Taschenbuch entstehen soll, sollte mehr als 10.000 Worte, besser mindestens 15.000 Worte haben. Das entspricht bei einem Taschenbuch ungefähr 100 Seiten.

So ein Text mit 15.000 Worten zu je 3,5 Cent kostet dann schon 525,00 Euro. Diese 525,00 Euro kannst du dir sparen, wenn du deine Texte selbst schreibst.

In diesem Buch zeigt ich dir Schritt für Schritt, worauf es beim Schreiben eigener Texte ankommt und so werden auch diejenigen, die bisher viel Geld an Ghostwriter für eher minderwertige Texte bezahlt haben lernen, hochwertige, für ihre Leser wertvolle Texte selbst zu schreiben. EBooks und Taschenbücher, mit denen sie dauerhaft gutes Geld verdienen.

Ich beschäftige mich seit mehreren Jahren mit den Möglichkeiten, Geld im Internet zu verdienen. Gerade das Internet ist eine ideale Plattform dafür. Denn nirgend wo anders kann man mit weniger Geld und weniger Risiko ein lukratives Neben- oder Haupteinkommen aufbauen.

Um dieses Thema geht es in fast allen meinen Büchern, die Du hier im Amazon Kindle Shop findest.

Ich hoffe, es stört dich nicht, wenn ich „Du" zu dir sage.

Ich betrachte alle meine Leser als Freunde, denn gerade unter Freunden lassen sich lebenswichtige Informationen am besten transportieren. Und das Thema Geld und Geld verdienen ist nun einmal ein lebenswichtiges Thema. Ob es uns nun gefällt oder nicht.

In diesem Buch geht es darum, mit einem Editor wie MS Word oder dem kostenlosen Open Office Texte zu schreiben, die dann bei Amazon als eBook oder Taschenbuch veröffentlicht werden.

Das ist einfacher als du denkst, denn alles was du darüber wissen musst, lernst du in diesem Buch. Und zwar aus erster Hand, denn ich schreibe nur über Möglichkeiten, Geld im Internet zu verdienen, die ich selbst erfolgreich umgesetzt habe.

Ich schreibe Ratgeber und keine Romane. Das liegt daran, dass ich mich seit Jahren aktiv mit dem Thema Geld verdienen im Internet beschäftige und darin inzwischen ein großes Wissen angesammelt habe, das ich gern an meine Leser weitergeben will.

Deshalb wird es in diesem Buch auch um das Schreiben von Ratgebern und nicht um Romane schreiben und Ähnliches gehen.

So wie mir meine passiven Verdienstwege helfen, heute auch mit einer geringen Rente sehr gut leben zu können, möchte ich, dass auch andere nicht wegen zu wenig Geld im Alter dazu gezwungen sind, zusätzlich noch für einen Mindestlohn arbeiten gehen zu müssen.

Für viele älteren Jahrgangs werden meine Bücher zu spät kommen, für jeden aber, der noch jung ist, sei es 20, 30, 40 oder 50 und auch 60 Jahre, ist es die ideale Zeit, sich ein passives Einkommen zur Sicherung des Alters aufzubauen.

Dieses hier vorliegende Buch ist das fünfte aus einer Serie von Büchern, die sich mit den Möglichkeiten beschäftigt, Geld im Internet zu verdienen.

Doch auch dazu mehr am Ende dieses Buches.

Ein großes Thema heutzutage ist die Rente. Wie du an meinem Foto siehst, ist dieses Thema für mich durchaus aktuell und das sollte es auch für dich sein. Egal wie alt du gerade bist.

Denn wie sich die Rentenversicherung in den nächsten Jahren oder Jahrzehnten weiterentwickelt, ob es Sie in ferner Zukunft überhaupt noch gibt, weiß niemand.

Nur eines ist klar: Die Beträge, die du einmal als Rente bekommen wirst, werden nicht mehr so hoch sein wie bei den heutigen Rentnern.

Und wenn du deinen aktuellen Lebensstandard halten willst, musst du vorsorgen oder, wenn du dazu nicht in der Lage bist, später auch im „Ruhestand“ noch hinzuverdienen.

Du brauchst zusätzliches Einkommen, um dein Auskommen zu haben.

Viele Rentner verdienen heute schon durch **aktive Arbeit** dazu. Sie machen das, was sie das ganze Leben schon gemacht haben. Sie verkaufen Ihre Arbeitszeit für Geld.

Unsere Politiker führen das darauf zurück, dass unsere „Alten" noch zu vital sind, um in den Ruhestand zu gehen.

Ihrer Meinung nach wollen Sie weiterarbeiten, um sich zuhause nicht zu langweilen. Vielleicht kommt daher das Bestreben, das Rentenalter immer weiter nach oben zu setzen.

Dabei sind es mit Sicherheit die wenigsten, die sich zuhause langweilen und deshalb einen oder zwei zusätzliche Mini-Jobs annehmen. Den meisten bleibt gar nichts anderes übrig, da ihre Rente zu gering ist und sie sozial verarmen, wenn sie sich die Teilnahme am öffentlichen Leben nicht mehr leisten können.

Aktives Einkommen ist allerdings begrenzt durch die Zeit. Niemand kann seine Arbeitskraft mehr als 24 Stunden am Tag verkaufen.

Bei passivem Einkommen ist das anders. Geld, gut angelegt, arbeitet 24 Stunden am Tag und 7 Tage in der Woche für dich und erwirtschaftet Zinsen, Zinseszinsen und Dividenden. Ohne dass du noch etwas dafür tun musst.

Doch was machen die, die kein Geld sparen können, weil sie ohnehin nur gerade so viel Geld verdienen, dass es zum Leben reicht?

Es gibt viele Möglichkeiten, passives Einkommen zu erzielen. Unser Thema hier in diesem Buch ist es, **passives Einkommen durch das Schreiben von Kindle eBooks oder Taschenbüchern** zu generieren. Eine Möglichkeit, das wirst du am Ende dieses Buches sehen, die äußerst lukrativ ist und einfacher, als du jetzt noch denkst.

Du traust es dir nicht zu, Bücher zu schreiben? Kein Problem, denn bei Kindle eBooks handelt es sich eigentlich gar nicht um richtige Bücher, sondern nur um einfache Texte. Texte, die du ganz einfach mit einem Textverarbeitungsprogramm wie Microsoft Word oder Open Office erstellen kannst.

Microsoft Word wird heute schon bei vielen Computern gleich mitgeliefert. Wenn das bei dir nicht der Fall ist, lade dir das kostenlose Programm Open Office z.B von der Website Chip.de unter https://bit.ly/2SLEi3e herunter.

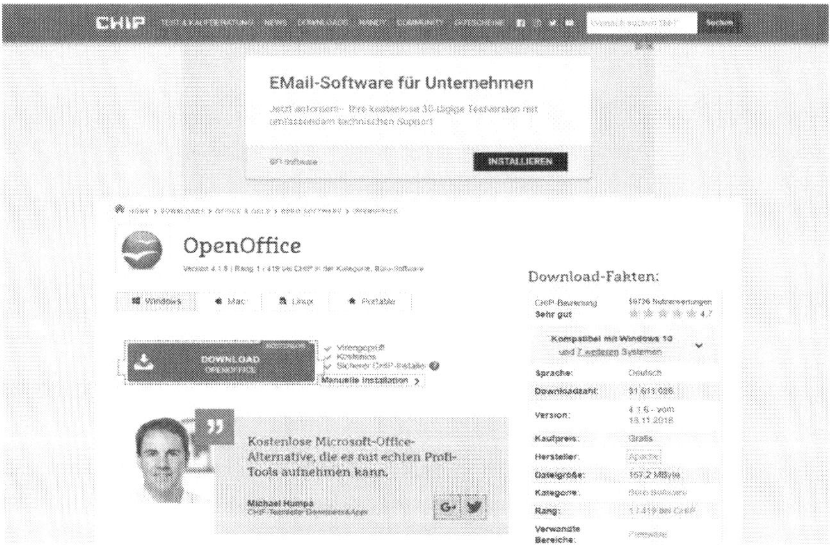

Chip.de Website für den Open Office Download

Eines gleich vorweg: **Ohne Arbeit geht es nicht.**

Auch beim Aufbau von passivem Einkommen geht es nicht, ohne erst einmal arbeiten zu müssen. Nichts wird dir geschenkt und nichts fällt dir in den Schoß.

Doch das großartige an passivem Einkommen ist, dass du

in aller Regel nur einmal dafür arbeiten musst und dann immer wieder Gewinn davon hast. So wie wenn du nur einmal Geld verdienst, das du dann lukrativ anlegst und anschließend immer wieder Gewinne aus Zinsen, Zinseszinsen oder Dividende daraus erwirtschaftest.

Wenn du bereit bist, die nächsten Wochen oder Monate intensiv nach diesem Buch zu arbeiten, hast du es geschafft und dir eine Ansammlung von eBooks aufgebaut, die dir mehrere Hundert Euro im Monat erwirtschaften.

Und du kannst nach und nach immer wieder einmal ein neues eBook schreiben, um so deine Einnahmen zu steigern.

Also, lass uns beginnen.

Was genau ist denn ein eBook

Wie schon gesagt, eBooks eignen sich besonders gut für den Aufbau passiver Einkommensströme. Denn schon ein gut geschriebenes eBook, mit dem du den Nerv deiner Leserschaft getroffen hast, kann dir mehr Geld einbringen als ein 450 Euro Job, für den jeden Monat du meist mehr als 50 Stunden deines Lebens verkaufen musst.

Dabei ist ein eBook einfach nur ein Textdokument, das übersichtlich strukturiert deinem Leser zum Beispiel dabei hilft, ein Problem zu lösen. Je perfekter die Lösung ist, desto besser wird sich dein Buch verkaufen. Denn desto zufriedener sind deine Leser. Und das zeigen sie dann gern auch in einer positiven Rezension. Doch dazu später mehr.

Um einen Bestseller zu landen, musst du aber erst einmal einen heißen Markt finden. Eine Nische, in der die Nachfrage nach **deinem Thema**, groß genug ist und es nur wenige Bücher zum gleichen Thema gibt, die es mit deinem Buch aufnehmen können.

Ich zeige dir hier in diesem Buch Techniken, wie du in rasender Geschwindigkeit dein erstes eBook schreibst und wie du es dann ohne Kosten bei Amazon einstellen und zum Kauf anbieten kannst.

EBooks haben viele Vorteile. Sie können, einmal geschrieben, tausendfach verkauft werden, ohne dass Produktionskosten dafür entstehen würden.

Der Leser bekommt sein eBook sofort ohne zeitlichen Verzug übermittelt und kann es per eBook-Reader, auf dem PC, dem Laptop, dem Tablet oder sogar auf seinem Handy jederzeit und sooft er will lesen. Lese-Apps für den PC, den Laptop, das Tablet oder das Handy können ganz einfach kostenlos aus dem Internet heruntergeladen werden.

Kein Wunder, dass der Umsatz von eBooks von Jahr zu Jahr zunimmt.

So schreibt das „Börsenblatt" unter

https://www.boersenblatt.net/artikel-e-book-markt_im_ersten_halbjahr.1506291.html

am 16. August 2018:

Anfang des Zitats:

Umsatz knackt 100-Millionen-Euro-Grenze

Im ersten Halbjahr stieg der Umsatz mit E-Books am Publikumsmarkt (ohne Schul- und Fachbücher) im Vergleich zur Vorjahresperiode um 11,3 Prozent und lag bei 100,6 Millionen Euro. Dafür sorgten mehr Käufer und vor allem der gestiegene Absatz (plus 16,4 Prozent), bei gesunkenem Durchschnittspreis.

Ende des Zitats.

Wäre es da nicht schön, ein kleines Stück dieses Kuchens abzubekommen?

Ich verspreche dir, wenn du in deinem Kindle Direct Publishing Account - so nennt sich der Bereich bei Amazon, in dem du später dein Buch veröffentlichst - das erste Mal eine Provision für den Verkauf deines eBooks oder später deines Taschenbuchs feststellst, wirst du begeistert sein und sofort nach einem neuen Thema für dein nächstes Buch suchen.

Und glaube mir, besonders stolz wirst du sein, wenn du erst einmal dein erstes, gedrucktes Taschenbuch in den Händen hältst.

Wenn das der Fall ist, dann hat dieses Buch seinen Sinn erfüllt. Und wenn du dich an die Vorgehensweise hältst, die ich dir hier aufzeige, wird es das auch tun.

Jeder kann ein erfolgreiches Buch schreiben

Wenn ich Freunden eines meiner Bücher gebe, damit sie mir helfen, Fehler zu finden oder unverständliche Formulierungen zu verbessern, höre ich immer wieder „Ich könnte keine Bücher schreiben“.

Doch das stimmt nicht. Jeder, der im Stande ist, zusammenhängende Sätze zu sprechen oder Situationen zu beschreiben, kann auch ein Buch schreiben.

Du musst einfach nur wissen, worüber du schreiben willst und dann sorgfältig recherchieren, bis du alle Informationen, die für dein Thema wichtig sind, zusammengetragen hast.

Wenn du so schreibst, wie du dich mit einem Freund unterhalten würdest, liegst du absolut richtig. Menschen mögen keine Schulmeister, die sie von oben herab behandeln. Sie mögen Menschen die sind wie sie selbst und die ihnen die Tipps und Hinweise geben, die so brauchen um ein Ziel zu erreichen.

So wie du dieses Buch liest, um deinen ersten Bestseller zu schreiben und damit gutes Geld zu verdienen.

Natürlich brauchst du erst einmal eine helfende Hand, die dir zeigt, wie du am besten vorgehen solltest. Die wenigsten sind zum Erfolgsautor geboren. Und hier soll dir mein Buch helfen.

Auch ich habe mich nicht hingesetzt und sofort ein großartiges Buch geschrieben. Und obwohl ich jetzt schon 5 Bücher über verschiedene Möglichkeiten, Geld im Internet zuverdienen, geschrieben habe, bin ich immer noch nicht perfekt und werde es wahrscheinlich auch niemals sein.

Aber ich habe für mich eine Technik entwickelt, die mir

hilft, Bücher zu schreiben die andere gern lesen. Bücher, die anderen helfen und die sich verkaufen. Darauf kommt es doch an, oder?

Ich bin sogar froh, dass viele glauben sie könnten kein Buch schreiben. Denn wenn das jeder machen würde...

Du hast dieses Buch gekauft, weil du Bücher schreiben willst. Und damit bist du eine Ausnahme. Obwohl ich davon überzeugt bin, dass es jeder könnte.

Gratulation.

Schreiben ist einfacher, als du jetzt noch denkst

Viele scheuen vor dem Schreiben eines eBooks zurück, weil sie diese Aufgabe für zu groß und zu kompliziert halten. Weil sie denken, sie müssten Unmengen an Zeit und vielleicht auch Geld investieren.

Sicher, du musst arbeiten. Du musst ein sinnvolles und hilfreiches Buch schreiben und du musst es vermarkten, damit es auch gekauft wird. Aber keine Sorge, genau das alles lernst du hier.

Ich schreibe ausschließlich Sachbücher, und darum geht es hier in diesem Buch auch. Keine Romane und keine Krimis.

Denn Sachbücher müssen nicht unendlich viele Seiten haben. Sie müssen lediglich die Lösung für ein Problem bieten. Und das ohne große Umschweife.

Dein Leser kauft dein Buch, weil er auf seine Fragen Antworten sucht. Und wenn du diese Antworten lieferst, dann ist er glücklich und wird dein Buch weiterempfehlen. Und das ist dein Ziel.

Oft reicht es schon, wenn dein Text um die 10.000 Worte hat.

Wenn du zum Beispiel die Schriftart Calibri verwendest und eine Schriftgröße von 12, dann passen bei einem Zeilenabstand von 1,5 rund 244 Wörter oder 1500 Buchstaben mit Leerzeichen auf eine DIN A4 Seite.

Bei einem Text mit 10.000 Worten wären das knapp 40 DIN A4 Seiten. Das sollte doch zu schaffen sein, meinst du nicht auch?

Dazu kommen dann noch die Titelseite, das Inhaltsverzeichnis, das Impressum und der Haftungsausschluss und schon bist du bei 24 Seiten.

10.000 Worte sollten es aber schon sein und wenn du sorgfältig recherchierst, wird es eher mehr.

Du wirst schnell merken, dass es nicht die Schreibarbeit ist, die viel Zeit in Anspruch nimmt, sondern die Recherche. Denn hier ist absolute Sorgfalt geboten.

Ein Thema finden, das sich verkauft

Jeder, der ein Buch schreibt, abgesehen vielleicht von denen, die ihre Memoiren schreiben, sucht nach dem einen heißen Thema, das einen Bestseller garantiert.

Doch wie sieht so ein heißes Thema aus und wie findest du es?

Da es hier in diesem Buch um Ratgeber geht, wird es ein Rat sein, den du deinem Leser geben wirst.

Die heißesten Themen lassen sich in drei Bereiche einteilen:

- Leidenschaft
- Probleme
- Ängste

Diese drei Punkte veranlassen Menschen, nach Lösungen zu suchen und dafür Geld auszugeben.

Dabei kannst du in positive und negative Bereiche unterteilen:

Leidenschaft gehört eher in den positiven, erfreulichen Bereich, während Probleme und Schmerz negative Gefühle hervorrufen.

Unter die Leidenschaften fallen positive Themen wie:

- Sport
- Kochen
- Dating
- Muskelaufbau

- Hobbys
- uvm.

Probleme beinhalten negative Themen wie:

- Selbstvertrauen gewinnen
- Mit Zeitmanagement effektiver arbeiten
- Nie mehr Schulden
- Burnout vermeiden
- Abnehmen
- Essstörungen
- uvm.

Ängste drücken sich in Themen aus wie:

- Angst, den Freund / die Freundin zu verlieren
- Flugangst überwinden
- Nie mehr Angst vor Spinnen
- Ängste verstehen und überwinden
- uvm.

Diese Beispiele sollen nur die Richtung vorgeben. Sicher findest du noch deutlich mehr bei deinen Recherchen.

Diese Themen verkaufen sich am besten

Die Themen, die von den meisten Lesern gesucht werden

und für die ein Leser bereit ist, sofort Geld zu bezahlen sind Themen, die Probleme lösen.

Das können ganz einfache Themen sein wie:

- dass etwas einfacher wird,
- dass man Zeit für sich und seine Familie findet,
- dass man damit Geld verdient,
- dass man damit Geld spart,
- dass man damit glücklicher wird,
- dass man sich damit sicherer fühlt
- dass einem etwas leichter fällt
- und, und, und.

Kürzlich habe ich da ein prima Beispiel gelesen:

Stell dir vor, jemand hat mörderische Zahnschmerzen und weit und breit gibt es keinen Zahnarzt, der ihm helfen könnte.

Durch Zufall hast du gerade recherchiert, wie man Zahnschmerzen mit Hausmitteln erfolgreich beseitigt und ein eBook mit dem Titel „So wirst du deine Zahnschmerzen im Handumdrehen los – 20 garantiert wirkende Hausmittel gegen mörderische Zahnschmerzen“ darüber geschrieben.

Wird dieser Mensch dein eBook kaufen, wenn du es mit einem großartigen Verkaufstext bei Amazon anbietest?

Suche dir immer eine Nische

Grundsätzlich solltest du dir immer ein eng gefasstes

Thema suchen. Das hängt damit zusammen, dass du im Idealfall für eine kleine, aber finanzkräftige Zielgruppe schreiben solltest, die bereit ist, für eine Lösung auch wirklich Geld zu bezahlen.

Was eine Zielgruppe ist, besprechen wir gleich.

Das Beispiel mit den Zahnschmerzen macht es deutlich. Da hat jemand Schmerzen, die er unbedingt loswerden möchte. Er hat aber nicht irgendwelche Schmerzen, sondern Zahnschmerzen.

Ein Buch über „Allgemeine Schmerzen im Körper und wie du sie loswerden kannst“ würde ihm also nur bedingt helfen und er würde es nicht kaufen, weil er nicht sicher sein kann, dass seine Zahnschmerzen da auch ausreichend besprochen werden.

Das Buch, das sein Problem aber auf den Punkt trifft, kauft er ohne Bedenken.

Zuerst das Problem, dann die Lösung

Viele Buchautoren machen den großen Fehler, dass sie Bücher über ein Thema schreiben, dass sie selbst besonders interessiert. Ohne sich vorher Gedanken darüber zu machen, ob es dafür euch einen Markt gibt.

Das ist solange kein Problem, solange es tatsächlich auch genügend Menschen gibt, die Interesse daran haben. Das ist aber leider nicht immer der Fall.

Vor einiger Zeit wurde mir ein Buch vorgestellt, das „Durchfall bei Katzen“ zum Thema hatte. Ein sehr schönes Buch, mit viel Liebe geschrieben und mit einem Cover von einem hochwertigen Designer gemacht, dass einiges Geld gekostet hat. Auf meine Frage, warum dieses Thema gewählt wurde, schrieb mir die Autorin:

Ich habe mir damit einen Herzenswunsch erfüllt. Aber ich

weiß auch, dass sich dieses Buch kaum verkaufen wird. Sie hatte Recht damit, denn das Buch erwirtschaftet nicht einen Euro im Monat.

Ist das der Sinn, ein Buch zu schreiben? Oder ist es nicht vielmehr so, dass du ein Buch schreiben solltest, um anderen Menschen zu helfen, damit ein Ziel zu erreichen, dass sie ohne dein Buch nur schwerlich erreichen würden?

Deshalb ist es wichtig, erst einmal zu erforschen, ob der Inhalt deines Buches auch wirklich viele Menschen interessiert.

Stell dir vor, du betreibst ein Brillengeschäft in deiner Stadt. Direkt neben dir ist noch ein Brillengeschäft, also ein direkter Mitbewerber.

Wenn jetzt eine gute Fee käme und dir einen Vorteil gegenüber deinem Mitbewerber schenken möchte, damit du ihn für immer als Konkurrent loswirst. Was würdest du dir wünschen?

Lege das Buch, den eBook-Reader, das Handy oder womit auch immer du dieses Buch liest, einmal kurz zur Seite und denke dir einen Wunsch aus.

Na, was hast du dir gewünscht? Die schöneren Brillengestelle? Die günstigsten Angebote? Den perfektesten Service?

Ich sage dir, was ich mir wünschen würde: Eine riesige Anzahl Leute, die schlecht sehen können und unbedingt eine Brille brauchen. Leute, denen es egal ist, ob die Fassung von Hugo Boss oder einem anderen Edel-Hersteller kommt. Leute, die einfach nur gut sehen wollen und dafür eine Brille kaufen.

Hast du dir das auch gewünscht?

Wenn ja, dann hast du verstanden, worum es geht. Und dann wirst du auch das Thema finden, das dein Buch zum Bestseller macht.

Garantiert.

Viele Autoren machen es umgekehrt. Sie schreiben erst ein Buch und suchen dann den Markt dafür.

Oder sie verlassen sich auf die Bereiche, die rund 80% aller eBook-Autoren im Ratgeber-Bereich beackern:

- Dating
- Abnehmen
- Rezepte
- Gesundheit

Um zu wissen, welche Bücher so auf den Markt kommen, schaue ich immer wieder einmal auf Facebook in die Gruppen, in denen neue Bücher kostenlos oder für 99 Cent angeboten werden.

Hier eine kleine Auswahl:

- **99er Kumpels**

https://www.facebook.com/groups/1815161632119321

- **eBooks & Bestseller**

https://www.facebook.com/groups/ebestseller/

- **Kostenlose eBooks promoten & vermarkten**

https://www.facebook.com/groups/335517990138600/

- **eBooks für 99Cent**

https://www.facebook.com/groups/457067057686452/

Sicher findest du noch weitere Gruppen bei Facebook. Es ist sehr interessant, dort ab und zu hinein zu schauen. So bekommst du schnell ein Gefühl dafür, worüber du nicht auch noch schreiben solltest. Denn diese Bücher verschwinden so schnell, wie sie gekommen sind. Da immer wieder neue Bücher zum gleichen Thema erscheinen, die die älteren Bücher verdrängen.

Die Sachbücher der letzten 4 Tage hatten Themen wie:

- Ehrliche Verführung
- Zuckerfrei
- Basisches Kochbuch
- Vegan Kochbuch
- Bowls Kochbuch
- 100 köstliche Pizza-Rezepte
- Gesund durch Ernährung

Kochbücher sind auch deshalb so beliebt, weil es für Rezepte kein direktes Urheberrecht gibt. Man muss sie nur umschreiben und kann so ein kopiertes Buch ganz einfach für sich selbst auf den Markt bringen.

Kein Wunder also, dass zum Beispiel Low Carb Kochbücher höchstens 3 Monate lang Geld einbringen und dann auf den hinteren Seiten im Amazon Kindle Shop versauern.

Das ist jedoch nicht mein Ziel und sollte auch nicht dein Ziel sein. Meine Bücher sollen und werden dauerhaft Menschen helfen, die zusätzlich Geld verdienen wollen oder einen stabilen Zuverdienst zu ihrer Rente suchen. Und ganz nebenbei werden sie auch dauerhaft Geld für mich einspielen.

Oft liegt das Thema ganz nahe. In dir selbst.

- Vielleicht hast du schon Dinge vollbracht, die andere auch gern vollbringen würden?
- Vielleicht hast du schon Ziele erreicht, die andere auch erreichen wollen?

- Vielleicht hast du Interessen, für die sich auch andere interessieren?

Diese Themen könnten interessant für dich sein

Ich habe dir hier einmal vier Themenbereiche herausgesucht, die ich für interessant halte. Natürlich gibt es auch dafür schon gute Bücher. Und natürlich erscheinen zu diesem Thema auch immer wieder einmal neue Bücher.

Die Themen sind aber so komplex, dass die große Gruppe an Ghostwriter Autoren, das sind Unternehmer, die von anderen, also von Ghostwritern billige Texte für sich schreiben lassen und diese dann als eBooks veröffentlichen, diese Themen nicht gern anfassen.

Denn diese Themen kann man nicht mit 3500 – 5000 Worten abhandeln. Und mehr wollen diese Unternehmer bei einem Preis von 2,5 – 4,5 Cent je Wort nicht ausgeben.

Thema 1 – Geld verdienen

Dieses Thema ist in einer speziellen Form auch mein Thema, denn ich habe schon viele Geschäftsmodelle getestet, um im Internet Geld zu verdienen. Und davon handeln fast alle meine Bücher.

Geld braucht jeder. Kaum jemand hat zu viel davon.

Wenn du also Möglichkeiten kennst, wie man relativ leicht oder zumindest mit viel Spaß Geld verdienen kann, ist das ein großartiges Thema für dich.

Thema 2 – Geld sparen

Geld ist immer knapp. Trotzdem geben wir jeden Monat Geld für unnötige Dinge aus. Geld, dass dann an anderer Stelle fehlt.

Es gibt viele Möglichkeiten, Geld zu sparen. Du kannst:

- Energie sparen,
- am Wasser sparen,
- beim Einkaufen sparen
- beim Versicherungswechsel sparen
- und, und, und.

Wenn du da Erfahrungen hast, dann ist dass ein prima Thema, dass nur wenige bisher aufgegriffen haben.

Thema 3 - Zeit sparen

Zeit ist eines unserer kostbarsten Güter. Denn jeder von uns hat nur eine begrenzte Lebenszeit. Umso verwunderlicher ist es, dass so viele mehr als sorglos mit ihrer Zeit umgehen.

Das ist zum Beispiel auch ein Grund, warum ich so gut wie nie private Fernsehsender wie SAT1, RTL usw. einschalte.

Diese Sender rauben mir einen enormen Teil an Lebenszeit, wenn sie gezeigte Filme mehrfach mit nervender Werbung unterbrechen.

Doch das nur am Rande.

Unser Leben ist von Stress gekennzeichnet und oft haben wir das Gefühl, die 24 Stunden, die uns der Tag bietet, reichen nicht mehr.

Wenn ich am Abend betrachte, was ich geschafft habe, ist es nie das, was ich vornehme. Sicher geht es dir nicht anders.

Denke ich aber darüber nach, wie viele unnütze Dinge ich am Tag tue - allein nur, weil ich mich auf meine Arbeit nicht ausreichend konzentriere - weil mein Handy piept, weil mein Computer eine Mail meldet, weil tausend andere Dinge wichtiger erscheinen, weiß ich, wo das Problem liegt.

Deshalb ist die Selbstorganisation und das damit verbundene „Zeit sparen“ ein Thema, für das sich viele interessieren.

Thema 4 – Gesünder leben

Nanu, wirst du jetzt vielleicht sagen, gerade hat er doch geschrieben, dass „Gesundheit“ allgemein betrachtet, ein ausgelutschtes Thema ist.

Das stimmt auch. Hier geht es mir auch nur um die Möglichkeit für dich, zu schreiben wie du, falls das auf dich zutrifft, die eine oder andere gesundheitliche Beeinträchtigung überwunden hast.

Das sollte und muss ein Tatsachenbericht sein. Wenn du also von Akne geplagt warst, und hast einen auch für andere gangbaren Weg gefunden, die Akne schnell wieder los zu werden, dann schreib ein Buch darüber.

Wenn du ein starker Raucher warst und konntest dir das Rauchen auf verblüffend einfache Weise abgewöhnen, schreib ein Buch darüber.

Wenn du deinen Kleingarten so gut durchorganisiert hast, dass du durch den Ertrag zum Selbstversorger geworden bist, schreib ein Buch darüber. Aber schreib bitte nicht das 594te Buch darüber, warum Zucker ungesund ist.

Alle hier genannten Themen lassen sich noch vielfach variieren und sollen die nur den Weg zeigen wo es lang gehen könnte.

Selbst, wenn du da nur ansatzweise weist, worum es geht, wirst du zusätzliche Informationen leicht im Internet finden. Doch dazu später mehr.

So findest du weitere Themen

Die Amazon Bestseller Liste - Amazon mit seinem Kindle Shop ist der größte Anbieter von eBooks in Deutschland. Kein Wunder, wenn Amazon dann auch die beste Quelle ist, um Themen für eBooks zu finden.

Ausgangspunkt für deine Suche ist die Amazon Bestseller Liste für digitale Bücher, die du unter

https://www.amazon.de/gp/bestsellers/digital-text/

findest.

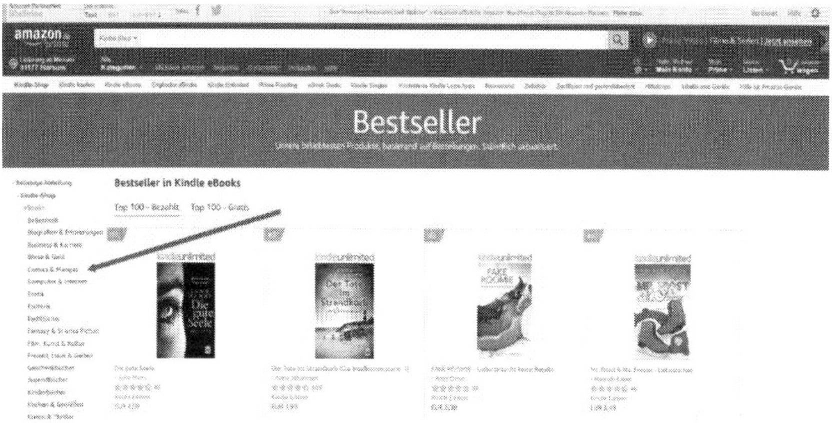

Amazon Website für eBook Bestseller

Rechts siehst du ein Menü, in dem du dir die einzelnen Kategorien aussuchen kannst. Suche da nach einer Kategorie, die du bevorzugen würdest.

Neben der eigentlichen Amazon Bestseller Liste gibt es auch eine für kostenlose eBooks. EBooks für ein paar Tage kostenlos anzubieten ist eine Werbemaßnahme, die dir in deinem Kindle Account angeboten wird.

Diese Werbemaßnahme nutzen hauptsächlich Autoren, die ein neues Buch auf den Markt bringen. Hier findest du also jede Menge neue Bücher und somit wahrscheinlich auch aktuelle Themen.

Die Bestseller Liste für kostenlose Bücher findest du hier:

https://www.amazon.de/gp/bestsellers/digital-text/ref=zg_bs?ie=UTF8&tf=1

Fachzeitschriften - Eine weitere Hilfe zur Themenfindung können auch Zeitschriften sein. Hast du zum Beispiel über das Thema „Angeln“ nachgedacht, könnten einschlägige Angel-Zeitschriften dir Hinweise auf Themen geben. Denn gerade Herausgeber von Zeitschriften recherchieren genau, welche Themen ihre Leser gerade besonders interessieren.

Das Wichtigste ist deine Zielgruppe

So, jetzt solltest du dich entschieden haben, in welchen Bereich du schreiben möchtest. Wohlgemerkt, es geht erst einmal nur um einen groben Bereich, nicht schon um ein bestimmtes Thema.

Bei mir ist es zum Beispiel das Thema „Geld verdienen im Internet“.

Denn bevor wir zu Recherche über dein Thema kommen, hier die absolut wichtigste Frage, die du dir stellen musst:

Welche Personen genau haben das Problem, für das ich eine Lösung biete und ist das Problem auch wirklich so groß, dass sie bereit sind, für eine Lösung Geld auszugeben.

Diese Personen sind deine Zielgruppe, die du so genau wie möglich bestimmen solltest.

Oft höre ich: „Ich möchte möglichst viele Menschen ansprechen, damit möglichst viele auch mein Buch kaufen“. Doch das ist völlig falsch. Wenn du alle ansprechen willst, wird niemand dein Buch kaufen, da sich niemand **direkt angesprochen** fühlt. Denke an die Zahnschmerzen...

Wichtig:

Du brauchst eine speziell ausgewählte Zielgruppe, der du mit einer speziell auf deren Problem ausgerichteten Lösung hilfst.

Und du brauchst die Gewissheit, dass deine Zielgruppe dein eBook mit Sicherheit kaufen wird. Schon bevor du überhaupt anfängst zu schreiben.

Zielgruppenanalyse

Sicher fragst du dich jetzt, welche Eigenschaften für die Analyse deiner Zielgruppe wichtig sind.

Das sind:

- **Das Alter oder die Zugehörigkeit zu einer Altersgruppe** – sind die Personen 18 – 30jährig, 31 – 50jährig oder Senioren?
- **Der Wohnort bzw. ein bestimmtes Wohngebiet** - sind es Eigenheimbesitzer oder wohnen sie in sogenannten Wohnsilos?
- **Der Familienstand** – alleinstehend, verlobt, verheiratet, geschieden oder gar verwitwet?
- **Höhe des Einkommens** – je höher das Einkommen, desto mehr Qualität muss dein Buch haben.
- **Die Sprache** – du musst deine Zielgruppe auch sprachlich dort abholen, wo sie steht. Junge Leute haben eine andere Sprache als Senioren, reiche Leute eine andere als arme.
- **Ethik und Werte** – gerade Themen wie Umwelt, bestimmte Ernährungsformen oder auch das Thema Abnehmen sind eng mit der eigenen Ethik und Wertebestimmung verbunden. Die wird in unterschiedlichen Bevölkerungsgruppen auch unterschiedlich gesehen.

Ideal ist es, wenn du dir zu der Person, die deine Zielgruppe am besten trifft, eine Persönlichkeitsbeschreibung anlegst.

So hast du ein klares Bild dieser Person vor Augen und kannst sie/ihn in deinem Buch direkt ansprechen.

Etwa so:

- Meine Zielperson ist männlich und zwischen 30 und 45 Jahre alt.
- Er ist verheiratet und hat 2 Kinder.
- In der Freizeit beschäftigt er sich gern mit dem Computer und surft auch gern im Internet
- Er arbeitet als Sachbearbeiter in einem Büro.
- Er kann sich gut ausdrücken und es macht ihm Spaß, Texte zu formulieren.
- Er will seiner Familie mehr bieten, als er das mit seinem jetzigen Gehalt kann.
- Bei seiner Position ist es schwierig, einen höher dotierten Posten zu bekommen, und er kann nur auf die Standard-Lohnerhöhungen hoffen.
- Er will seinen Kindern eine solide Ausbildung ermöglichen.
- Er sorgt sich um den Erhalt seines Wohlstandes im Rentenalter.
- Deshalb interessiert er sich für die Möglichkeit, im Internet Geld zu verdienen.

Diese Personenbeschreibung lässt sich sicher noch weiter spezialisieren, reicht aber durchaus schon aus, sich ein konkretes Bild zu machen.

Egal ob du ein Buch schreibst oder andere Produkte an den Mann / die Frau bringen willst, nur wenn du ein möglichst exaktes Bild von den Menschen hast, für die du dein Buch schreibst, wirst du auch erfolgreich sein. Denn nur, wenn du weißt, wo deinen Leser der Schuh drückt, kannst du ihm helfen, sein Problem zu lösen.

Und nur dann wirst du Erfolg mit deinem Buch haben und es wird sich verkaufen wie warme Semmeln. Das nennt man Win - Win.

Fazit:

Der beste Weg, ein lukratives Thema zu finden ist, nach einem ganz bestimmten Problem für eine exakt bestimmte Gruppe von Menschen zu suchen.

Eine Gruppe, die groß genug ist, damit du viele Bücher verkaufen kannst und die vermögend genug ist, damit sie deine Bücher auch bezahlen kann. Und die leidenschaftlich nach einer Lösung für ihr Problem sucht.

So findest du die richtigen Themen für deine Zielgruppe

Wie bereit besprochen, ist deine Zielgruppe der Ausgangspunkt aller Dinge. Denn erst, wenn du deine Zielgruppe genau kennst und weist, was sie leidenschaftlich sucht, hast du das Thema für dein Buch gefunden. Oder noch besser, die Themen für mehrere Bücher.

Denn es ist allein die Leidenschaft, die deine Leser antreibt, das Ziel zu erreichen, dass du ihnen zeigst. Ein Ziel, dass sie unbedingt erreichen wollen. Koste es, was es wolle.

Leser kaufen nur das, was sie wirklich wollen.

Ob du das richtige Thema gefunden hast, kannst du mit folgenden Fragen klären:

- Interessiert sich meine Zielgruppe leidenschaftlich für dieses Thema?
- Hat meine Zielgruppe dieses klar erkennbares Problem?
- Ist meine Zielgruppe bereit, für die Lösung dieses Problems Geld auszugeben?
- Ist meine Zielgruppe online erreichbar?
- Bietet mir die Zielgruppe die Möglichkeit, verschiedene Bücher zum Thema zu schreiben und zu verkaufen?

Nur wenn du die ersten 4 Fragen mit „ja“ beantworten kannst, solltest du das gewählte Thema angehen. Ideal ist allerdings, wenn du alle 5 Fragen mit „ja“ beantworten kannst. Denn dann kannst du dir einen Expertenstatus aufbauen und Leser, die ein Buch von dir kaufen, werden mit großer Sicherheit noch weitere Bücher von dir ordern.

Diese Fehler solltest du unbedingt vermeiden

Schreibe keine Bücher, die sich nicht verkaufen

Den ersten Fehler habe ich ja schon angedeutet. Wähle dir kein Thema aus, das sich nicht verkaufen lässt. Durchfall bei Katzen ist so ein Markt.

Verliebe dich nicht in ein Thema, von dem du glaubst, dass es noch viele andere interessiert, sondern mache eine seriöse Zielgruppen- und Themenanalyse, bevor du dich entscheidest.

Recherchiere sorgfältig und ausreichend

Eine gute Recherche ist die Basis jedes guten Buches. Nur wenn du sorgfältig Stück für Stück deines Buches zusammenträgst, kann am Ende etwas Gutes dabei herauskommen.

Glaube mir, dein Leser findet Fehler mit traumhafter Sicherheit und nichts ist schlimmer für dein Buch als negative Leserbewertungen, weil Dinge nicht korrekt dargestellt werden.

Den Punkt „Recherche“ behandeln wir später noch genauer.

Übe Disziplin beim Schreiben

Jeder Mensch ist faul. Ich bin es auch. Auch wenn das Wort „faul“ vielleicht ein wenig hart ist. Sagen wir, jeder Mensch geht der Arbeit gern aus dem Weg.

Schreiben ist Arbeit, oft sogar Schwerstarbeit. Besonders dann, wenn dir das Schreiben einmal nicht so gut von der Hand geht.

Ich habe mir vorgenommen, jeden Tag mindestens 2 Stunden zu schreiben. Das klappt nicht immer, dafür schreibe ich an manchen Tagen aber auch länger.

Allzu oft muss ich mich tatsächlich zwingen, diese Vorgabe auch einzuhalten. Besonders dann, wenn ich meine, es gäbe doch viel wichtigere Dinge als da zu sitzen und zu schreiben. Ich setze mich dann hin und beschließe, nur 10 Minuten lang zu schreiben. Meistens werden es dann 2 Stunden.

Sich zwingen heißt, Disziplin zu üben. Denn ohne geht es nun einmal nicht. Sonst wird dein Buch niemals fertig.

Schon bevor ich zu schreiben beginne, teile ich mir den Text in Kapitel und Unterkapitel auf. Wie das geht, besprechen wir noch.

Jetzt kann ich mir täglich ein Unterkapitel vornehmen und dieses fertig schreiben. So setze ich mir kleine Ziele, die ich täglich erreiche und die mich stolz machen.

Disziplin ist absolute Voraussetzung, wenn du deine Ziele erreichen willst. Mit ein wenig Disziplin erreichst du mehr als viele, viele andere. Denn die meisten Menschen haben 0 % davon.

Weil das Thema Motivation so wichtig ist, gehe ich später noch einmal darauf ein.

Kümmere dich ausgiebig um das Marketing

Ein Buch schreiben ist die eine Sache, ein Buch verkaufen die andere. Es gibt mehrere hunderttausend Bücher im Amazon Kindle Shop. Man erkennt das am Amazon Bestseller Rang.

Jedes Buch, das im Amazon Kindle Shop zu kaufen ist, wird in eine Reihenfolge eingeordnet.

Dabei ist das Buch mit dem Amazon Bestseller Rang (ABR) von 1 das am meisten verkaufte.

Je größer die Zahl wird, desto seltener verkauft sich das Buch und desto weniger Geld verdient man damit.

Als Faustformel kann man sagen, dass du mit einem Buch mit ABR 6.000 ca. 100,00 Euro im Monat verdienen kannst. Mit einem ABR von 10.000 mit Glück noch 50,00 Euro.

Das Buch mit dem Durchfall bei Katzen hat am heutigen Tag einen ABR von 94.743, wird also wahrscheinlich gar nicht verkauft.

Nun kannst du das beste und hilfreichste Buch schreiben, wenn es keiner findet, dann wird es auch nicht verkauft. Und dann kannst du auch niemandem mit deiner Lösung helfen.

Um bei Amazon mit deinem Buch in der passenden Kategorie auf die erste Seite zu kommen, musst du ein ausgefeiltes Marketing betreiben. Denn nur wenn dein Buch auf der ersten Seite ist, wird es auch verkauft.

Die meisten Autoren allerdings kümmern sich so gut wie gar nicht um ein gutes Marketing oder um einen Verkaufstext, der den Leser förmlich zwingt, das Buch zu kaufen.

Damit dir das nicht passiert, findest du weiter hinten ein ausführliches Kapitel darüber.

Die Recherche

Tut mir leid, wenn du geglaubt hast, es ginge jetzt endlich ums Schreiben, muss ich dich enttäuschen. Denn bevor du beginnen kannst, deinen Text zu schreiben, musst du erst einmal wissen, was du schreiben solltest. Und genau das musst du sorgfältig recherchieren.

Viele der Quellen, die du für die Recherche einsetzen kannst, hast du ja schon bei der Suche nach deinem Thema kennen gelernt.

Hier eine kleine Auflistung, wo du wertvolle Informationen findest:

Die Top 100 Liste bei Amazon.de

Eine sehr gute Quelle für Informationen ist die Top 100 der kostenlosen eBooks. Denn dort kannst du dir Bücher kostenlos downloaden, die zu deinem Thema passen und schauen, was andere dazu geschrieben haben, ohne Geld dafür auszugeben.

Es kann sich aber durchaus auch rechnen, das beste eBook zu deinem Thema zu kaufen. Das beste eBook ist immer das, welches die meisten positiven Rezensionen und den niedrigsten Amazon Bestseller-Rang hat. Ideal ist zusätzlich, wenn dieses Buch auch ein Bestseller Nr. 1-Siegel hat, der zum Thema passt. Das ist leider nicht immer der Fall.

Das Amazon Bestseller Nr. 1 Siegel passend zum Thema

Amazon „Blick ins Buch“

Eine weitere, großartige Möglichkeit ist der „Blick ins Buch“, den dir Amazon bietet, wenn du ein Buch aufrufst, dass zu deinem Thema passt oder besser noch, dass schon zu deinem Thema geschrieben wurde.

Dort schaust du dir das Inhaltsverzeichnis an. Hier wird dir genau aufgelistet, über welche einzelnen Punkte du dich näher informieren musst.

Beispiel für den „Blick ins Buch“ bei Amazon.de

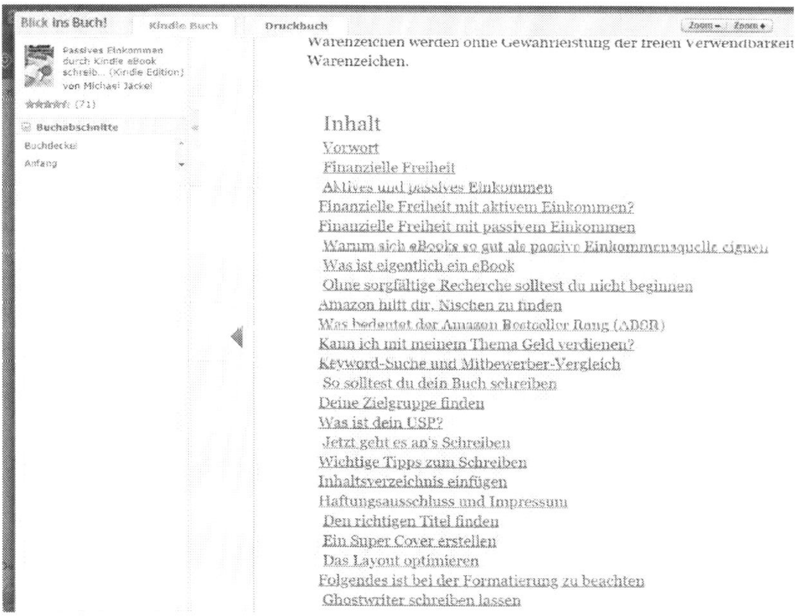

Beim „Blick ins Buch“ findest du meist auch das Inhaltsverzeichnis

Blogs zu deinem Thema

Blogs zu deinem Thema sind ebenfalls eine wichtige Quelle. Hier werden viele für dich wichtige Punkte ausführlich behandelt und in den Kommentaren findest du genau die Punkte und Nachfragen, bei denen deiner Zielgruppe der Schuh drückt.

Neben dem Lesen der einzelnen Artikel, die dir ein Bild geben, wofür sich deine Zielgruppe interessiert, solltest du die Kommentarfunktion dazu nutzen, selber Fragen zu den Bereichen zu stellen, die dir noch nicht so ganz klar sind.

Es gibt zu jedem Thema einen oder mehrere Blogs im Internet. Gib einfach in der Google Suche dein Thema ein und füge das Wort „Blog" dazu.

So zum Beispiel „Abnehmen Blog". Selbst mit der Suche „Fußschweiß Blog" habe ich viele Ergebnisse gefunden.

Foren zu deinem Thema

Neben den speziellen Blogs zu deinem Thema sind auch passende Foren eine gute Quelle, die Frage zu erkennen, die deine Zielgruppe stellt und die du in deinem Buch dann unbedingt beantworten solltest.

Foren sind allerdings nicht ganz so wertvoll, da dort nicht, wie bei einem Blog, der Blogbetreiber Fragen beantwortet, sondern in erster Linie viele Möchtegern-Schlaue, deren Antworten oft alles andere als kompetent sind.

Trotzdem solltest du Foren wie

- https://www.gutefrage.net
- https://www.willwissen.net

- https://www.forumplexus.com/
- oder ähnliche

in deine Recherche mit einbeziehen.

Auch hier gilt die Google-Suche „Dein Thema + Forum“. Selbst mit der Suche „Fußschweiß Forum“ habe ich auch hier viele Ergebnisse gefunden. Das Thema „Fußschweiß“ scheint brandaktuell zu sein, vielleicht ein Tipp für dich. Auch wenn dieses Thema eher „anrüchig“ ist, werde ich es hier einmal als Beispiel weiterverwenden.

Das ist auch ein gutes Beispiel dafür, wie man manchmal weitere Ideen während des Schreibens findet.

YouTube Videos

Zu jedem Thema gibt es unzählige Videos auf youtube.de. Daher ist YouTube eine der wichtigsten Informationsquellen für dich.

Auch hier wirst du bei Thema Fußschweiß fündig und findest viele Tipps und Rezepte, wie man dem Fußschweiß ein Ende bereiten kann.

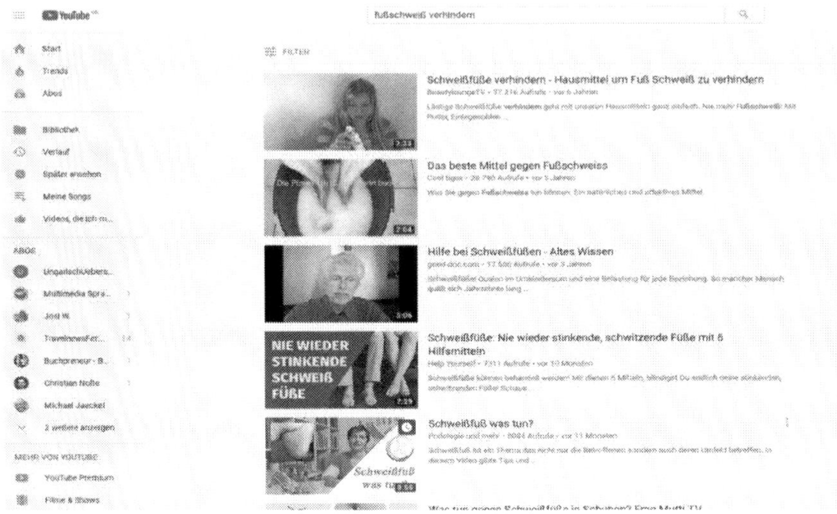

YouTube-Suche zu „Fußschweiß verhindern“ unter

https://www.youtube.com/results?search_query=fu%C3%9Fschwei%C3%9F+verhindern

Zeitungsstände

So ein Zeitungsstand ist der ideale Ort, um gute Ideen für ein Buch zu bekommen. Ich bevorzuge hier den Zeitungsstand im Hauptbahnhof unserer Stadt, denn dort ist die Auswahl an Zeitschriften aller möglichen Themen enorm.

Es geht schon damit los, dass du erst einmal schaust, von welchen Themen es die meisten Zeitschriften gibt. Denn diese Themen sind es, die das größte Interesse beim Leser hervorrufen.

Anschließend kannst du einzelne Zeitschriften vergleichen und feststellen, welche Themen in fast allen Zeitschriften vorkommen. Denn das zeigt dir den Trend.

Vielleicht hast du aber auch dein Thema schon gefunden und es gibt spezielle Zeitschriften dafür. Gerade im

Bereich „Hobby“ findest du da enorm viel. Zeitschriften über Golf, spezielle Tierzeitschriften, Zeitschriften über Kindererziehung und vieles mehr.

Jetzt geht es ans Schreiben

Ich sehe dich förmlich aufatmen. Endlich Schluss mit den vielen Vorbereitungen. Denn schließlich hast du ja dieses Buch gekauft, um zu lernen, wie du dein Buch, einen Bestseller, schreiben kannst.

Doch wie schon gesagt, das Schreiben ist nur ein Teil dessen, was ein gutes Buch ausmacht. Besonders dann, wenn es sich gut verkaufen soll und du neben der Freude, anderen helfen zu können, auch finanziell dafür belohnt werden willst.

Zuerst einmal brauchst du einen Plan

Jedes Buch und besonders jeder Ratgeber verfolgt ein Ziel. Ist es beim Liebesroman das Happy End, so ist es bei einem Ratgeber die Lösung eines Problems.

Je größer und schmerzhafter das Problem, desto größer auch der Wunsch, es aus der Welt zu schaffen. Du erinnerst dich an die drei wichtigsten Themen-Bereiche?

- Leidenschaft
- Probleme
- Ängste

Um zu einer Lösung zu kommen, braucht es einen Weg. Einen Weg, der Schritt für Schritt aufzeigt, was dein Leser machen muss, um schlussendlich zur Lösung seines dringendsten Problems zu gelangen.

Damit er auch wirklich von ganzem Herzen diese Lösung will, musst du ihm sein Problem am Anfang deines Buches noch einmal in allen Farben vor Augen führen. Schildere das Problem in allen Einzelheiten, so dass es wirklich weh tut. Und verspreche dann, dass du dieses Problem im Laufe des Buches aus der Welt schaffst.

Damit motivierst du deinen Leser, auch wirklich zum Buch zu greifen und es zu lesen. Nicht nur die Einleitung, sondern auch bis zum Ende.

Hier ist es wichtig, deinen Text an einem roten Faden entlang laufen zu lassen. Dieser rote Faden ist dein Inhaltsverzeichnis.

Das Inhaltsverzeichnis ist die Basis deines Buches und zeigt während des Schreibens dir als Autor genauso den Weg zum Ziel wie später deinem Leser.

Wenn dir zu deinem Thema da nicht gleich selbst ein klarer Weg einfällt, denke an meinen Tipp mit dem „Blick ins Buch“.

So baut sich dein Inhaltsverzeichnis auf

Ein Buch, egal ob eBook oder Taschenbuch, braucht ein Inhaltsverzeichnis. Einziger Unterschied zwischen eBook und Taschenbuch ist, dass ein Taschenbuch ein Inhaltsverzeichnis mit Seitenzahlen braucht und ein eBook nicht.

Das liegt daran, dass beim eBook die Darstellung einer Seite abhängt von dem Gerät ist, mit dem es gelesen wird. Auf einem PC kann pro Seite mehr Text abgebildet werden als auf einem Tablet, einem eBook Reader oder gar einem Handy.

Zusätzlich hat der Leser bei allen Geräten die Möglichkeit, die Schriftgröße zu verstellen, um sich so das Lesen zu erleichtern.

Inhaltsverzeichnisse von Ratgebern bauen sich in der Regel folgendermaßen auf:

- Vorwort oder Einleitung
- Kapitel 1
    - Unterkapitel 1a
    - Unterkapitel 1b
    - Unterkapitel 1c
    - Unterkapitel 1d
- Kapitel 2
    - Unterkapitel 2a
    - Unterkapitel 2b
    - Unterkapitel 2c
    - Unterkapitel 2d
    - Unterkapitel 2e
- Kapitel 3
    - Unterkapitel 3a
    - Unterkapitel 3b
    - Unterkapitel 3c
- Kapitel 4
    - Unterkapitel 4a
    - Unterkapitel 4a
    - Unterkapitel 4a
    - Unterkapitel 4a
- Kapitel 5

- usw.
- Schlusswort oder Fazit
- Rechtliche Texte

Bevor du zu schreiben beginnst, solltest du erst einmal dein Inhaltsverzeichnis nach diesem Schema erstellen.

Nehme dir erst einmal die Kapitel vor und baue so den Weg vom Problem zur Lösung. Auf die Einleitung gehe ich gleich noch näher ein. Anhaltspunkte können dir hier Inhaltsverzeichnisse ähnlicher Bücher bei Amazon Kindle geben.

Natürlich spielt hier auch eine Rolle, welche Informationen du im Laufe deiner Recherche zusammengetragen hast, denn die müssen ja sinnvoll und an der richtigen Stelle im Text untergebracht werden.

Hast du deine Kapitel in einer sinnvollen Reihenfolge zusammengestellt, nehme dir jetzt ein Kapitel nach dem anderen vor und teile es in einzelne Unterkapitel auf.

Auch hier nimmst du am besten erst einmal alle Informationen, die zu diesem Kapitel passen und sortierst sie in einer logischen Reihenfolge.

Lese dir dann die einzelnen Informationen der Reihe nach noch einmal durch und schreibe anschließend in Stichpunktform eine Liste mit einzelnen Fragen auf, die deine Informationen beantworten. Diese Fragen sind die Basis deiner Unterkategorien, die du jetzt, falls nicht schon geschehen, noch einmal in eine logische Reihenfolge bringen solltest.

Wichtig ist zum Schluss, die Fragen in personalisierte Antworten umzuformen.

Beispiel:

- Die Frage – Helfen tägliche Fußbäder gegen Fußschweiß?
- Die Antwort, wenn es so ist: So helfen tägliche Fußbäder gegen deinen Fußschweiß.
- Die Antwort, wenn es nicht so ist: Darum helfen tägliche Fußbäder nicht gegen deinen Fußschweiß.

Zwei Teile deines Inhaltsverzeichnisses sind besonders wichtig. Das ist zum einen die Einleitung und zum anderen das Schlusswort.

Auf beide Teile gehe ich deshalb hier noch einmal näher ein.

Die Einleitung

Die Einleitung ist einer der wichtigsten Bereiche, wenn nicht sogar der wichtigste Bereich deines Buches. Von deiner Einleitung und vom Verkaufstext hängt es ab, ob der Kunde bei Amazon, der sich für dein Thema interessiert, dieses Buch kauft. Auf den Verkaufstext kommen wir später noch zu sprechen.

Die Einleitung ist der Bereich, den dein zukünftiger Leser sich im „Blick ins Buch“ ansehen kann, ohne schon dein Buch zu kaufen. Deshalb muss dein Leser sich schon in deiner Einleitung wiederfinden.

Als ideal hat sich erwiesen, wenn das Problem, über das du schreibst, auch dein eigenes Problem war. So kannst du in der Einleitung über deine Leidensgeschichte schreiben und dein Leser erkennt sich schon auf den ersten Seiten wieder.

Neben der Beschreibung, wie es dir ergangen ist, bevor du die Lösung des Problems gefunden hast, solltest du dann auch genau beschreiben, wie glücklich und befreit du heute ohne dieses Problem bist.

Natürlich funktioniert diese Vorgehensweise auch bei Ratgebern, bei denen es nicht direkt um Problemlösungen geht. Nehmen wir einmal an, du schreibst ein Buch über die Möglichkeit, Gemüse auf dem eigenen Balkon anzubauen.

Auch hier kannst du beschreiben, wie du früher mit geschmacklosem Supermarktgemüse deinen Salat zubereitet hast und wie toll heute der Salat mit selbst gezogenen Möhren, Tomaten, und Feldsalat schmeckt. Das soll natürlich nur ein Beispiel sein.

Das Schlusswort

In der Einleitung hast du deinem Leser mit deutlichen Worten gezeigt, wie schmerzhaft sein Problem ist und wie wichtig es ist, dieses Problem so schnell wie möglich aus der Welt zu schaffen.

Im Schlussteil kennt dein Leser die Lösung seines Problems und du solltest ihm hier das Gefühl vermitteln, wie großartig das ist.

Gehe hier noch einmal grob auf den Weg ein, wie der Leser seine Lösung gefunden hat und welche Erleichterungen er während dieses Weges schon erfahren hat.

Sage hier klar, wie du dich darüber freust, ihm oder ihr geholfen haben zu können.

Im Schlusswort, wenn dein Leser dir absolut dankbar für deine Hilfe ist, solltest du auch um eine Rezension bitten.

Neben den Marketingfaktoren Cover, Titel, Blick ins Buch, Klappentext und Buchbeschreibung, die wir später noch eingehend besprechen, sind Rezensionen sehr wichtig für dein Buch.

Rezensionen, also Bewertungen von Lesern, kommen aber selten von allein. Du kannst davon ausgehen, dass bestenfalls 5 von 100 Lesern bereit sind, dir eine gute Rezension zu schreiben.

Anders ist es, wenn du mit deinem Buch keine Punktlandung vollziehst, sondern dein Leser enttäuscht davon ist. Denn bei enttäuschten Lesern schreibt jeder 2. eine schlechte Rezension und das ist vernichtend für dein Buch. Bestseller ade.

Da du aber ein sehr gutes Buch schreibst, das genau den Erwartungen deines Lesers entspricht, ist es absolut legitim, ihn zu bitten, dir eine ehrliche Rezension zu schreiben.

Schreib dir einen Leitfaden

So, jetzt hast du dein Inhaltsverzeichnis, und das braucht ja nun einmal jedes Buch.

Die Arbeitsgrundlage für das Schreiben allerdings ist die Liste mit Fragen, aus denen du dein Inhaltsverzeichnis zusammengestellt hast.

Warum ist das so? Weil der Text, mit dem du jede einzelne Frage beantwortest, am Ende dein Buch ausmacht.

Baue dir daher gleich am Anfang auf einem Zettel ein zusätzliches Inhaltsverzeichnis, das nicht aus deinen Kategorien und den Unterkategorien besteht, sondern aus den Fragen, die du zu diesen Bereichen gefunden hast.

Diese Liste ist dein Leitfaden, nach dem du dein Buch schreibst. Denn in dieser Liste finden sich alle Fragen wieder, die dein Leser von dir beantwortet haben will.

Bei den Hauptkategorien sollte deine Fragestellung noch recht allgemein sein. Sie sind sozusagen die Einleitung zu den Unterkategorie-Fragen.

Ein Beispiel, um beim Thema Fußschweiß zu bleiben:

- Hauptkategorie: Helfen Hausmittel in Fußbädern gegen Fußschweiß?
- Hier kannst du ganz allgemein darauf eingehen, dass Fußbäder helfen und warum. Und erklären, dass es Hausmittel gegen fast jedes Leiden gibt.

- Unterkategorien:
- Helfen Fußbäder mit Alkohol gegen Fußschweiß?
- Helfen Fußbäder mit Salz gegen Fußschweiß?

- Helfen Fußbäder mit Mundwasser gegen Fußschweiß?
- Helfen Fußbäder mit Backpulver und Teebaumöl gegen Fußschweiß?

Du wirst schnell merken, wie genial das ist. Denn du versetzt dich mit jeder Frage in die Lage deines Lesers. Du kannst gar nicht anders, als jede Frage gezielt und genau zu beantworten, und du wirst förmlich dazu gezwungen, während der Beantwortung weitere Informationen im Internet zu suchen, damit du die Frage so optimal wie möglich beantworten kannst.

Du musst also nichts weiter tun, als alle Fragen, die du stellvertretend für deinen Leser stellst, zu beantworten. Und gerade das ist es ja, was dein Leser sucht. Antworten auf seine Fragen.

Diese Vorgehensweise hat den großen Vorteil, dass du den Text deines Buches nicht von Anfang bis zum Ende der Reihe nach fortschreiben musst.

Denn die Reihenfolge spielt keine Rolle.

Du kannst, je nachdem, was dir gerade einfällt oder worauf du Lust hast, wahllos erst diese und dann jene Frage beantworten.

Noch ein Tipp: Schreibe so schnell du kannst.

Warum solltest du deine Texte besonders schnell schreiben? Weil du dann nicht über jedes Wort nachdenkst.

Ein gutes Buch ist wie ein Gespräch zwischen dir und deinem Leser. Deshalb verwende ich in meinen Büchern auch gern die Du-Form.

Dieses Buch hier soll ein Gespräch zwischen uns beiden sein, in dem ich dir zeige, wie du dein Ziel, ein eigenes

Buch zu schreiben, ohne große Schwierigkeiten erreichen kannst.

Ich schreibe mir dieses Buch „von der Seele“. Das heißt, ich schreibe so als wenn ich zu dir spreche. Würde ich mir jedes Wort dieses Gesprächs sorgfältig überlegen, jedes Wort auf die Goldwaage legen, käme ein Text heraus, den niemand, auch du nicht, lesen wollte.

Deshalb schreibe ich frei von der Leber weg zügig immer das, was mir gerade einfällt und schaue erst, wenn ich einen Abschnitt fertig habe, ob das auch Sinn macht, was ich da geschrieben habe.

Auch Fehler werden erst dann behoben, wenn ich den Text überprüfe. Würde ich Fehler nach jedem Satz kontrollieren, wäre mein Schreibfluss und somit auch mein Gedankenfluss unterbrochen.

Übrigens:

Ich weiß, dass ich mit meinen Beispielen zum Fußschweiß ein eher anrüchiges Thema gewählt habe. Ich bin beim Schreiben dieses Buches auch nur zufällig darauf gestoßen.

Es scheint mir aber sehr gut geeignet, denn ich kann mir gut vorstellen, welchen Leidensweg jemand hinter sich hat, der dieses Problem hat.

Deshalb scheint es mir als Beispiel bestens geeignet.

Und das erstaunliche ist, es gibt am heutigen Tag nicht ein eBook oder Taschenbuch im Amazon Kindle Shop darüber. Lediglich eine Audio-CD kann man kaufen.

ich kann mir aber auch nicht vorstellen, dass dieses Thema keinen interessiert. Du vielleicht?

10 wichtige Regeln für einen guten Schreibstil

Wie ich schon sagte, solltest du dein Buch so schreiben, als würdest du deinem Leser gegenübersitzen und mit ihm sprechen.

Und das ist dann auch schon Regel 1:

Schreibe so, wie dir der Schnabel gewachsen ist

Schreibe so, wie du sprichst. Versuche nicht, dich besonders schlau auszudrücken, denn Klugscheißer mag keiner. Denke immer daran, dein Leser soll dich als Freund erkennen. Wenn du deinem Freund ständig überheblich kommst, dann war es das schnell mit der Freundschaft.

Schreibe also für deinen Leser und nicht, um dich selbst als Mister Allwissend darzustellen.

Schreibe möglichst kurze Sätze

Eigentlich müsste ich jetzt rot werden. Denn die Sache mit den kurzen Sätzen ist so ein Problem für mich. Ich erwische mich immer wieder, das Komma auf Komma folgt.

Würdest du so eine Unterhaltung führen? Komma an Komma, total verschachtelte Sätze? Eher nicht. Kurze Sätze sind verständlicher.

Versuche deshalb, Sätze mit weniger als 20 Worten zu schreiben. Das wird vielleicht nicht immer gehen, du solltest das aber so oft wie möglich beachten.

Benutze einfach, verständliche, kurze Wörter

Gerade bei Ratgebern verfällt man schnell in eine Fachsprache. Besonders dann, wenn du tatsächlich von vorn herein Ahnung vom Thema hast. Dein Leser hat dieses Wissen aber noch nicht, sonst würde er ja nicht nach einem Buch suchen, mit dem er sich das Wissen aneignen kann.

Verwende daher nur Fach- oder Fremdwörter, wenn du deren Bedeutung genau kennst und wenn du sicher sein kannst, dass sie auch dein Leser versteht.

Schreibe in der Sprache deines Lesers

Einer der größten Fehler vieler Autoren ist, dass sie die Sprache ihrer Leser nicht treffen. Du kannst einen Menschen nur dann erreichen, wenn du ihn da abholst, wo er sich befindet.

Gerade gestern habe ich mir wieder einmal eine politische Diskussion im Fernsehen angesehen. Eigentlich hatte ich mir zu Sylvester vorgenommen, das nicht mehr zu tun. Ich muss zugeben, gestern bin ich rückfällig geworden. Und das war auch gut so. Denn es gibt keine bessere Möglichkeit festzustellen, wie es ist, wenn Menschen ihre Zielgruppe nicht erreichen.

Politiker sind hier das beste Beispiel. Sie reden und reden, streiten mit dem politisch eigentlich gar nicht so Andersdenkenden und ich frage mich jedes Mal, was das denn soll.

Sie erreichen mich nicht. Sie reden an dem, was mich berührt, was mich interessiert, vorbei. Sinnloses Geschwafel.

Pass unbedingt auf, dass es dir mit deinem Buch nicht auch so geht. Denn das schlägt sich sofort in den Bewertungen nieder. Und dein Buch wird keinen Leser mehr finden und dann auch kein Geld verdienen.

Schreibe in der Sprache deines Lesers und löse die Fragen und Probleme, die dein Leser hat. Dann bist du auf dem richtigen Weg.

Schreibe für deine Zielgruppe

Wie du deine Zielgruppe findest, haben wir ausgiebig besprochen. Behalte daher die Person, die deine Zielgruppe ausdrückt, immer im Blick.

Du erinnerst dich? Meine Zielperson ist 30 – 45 Jahre alt, zum überwiegenden Teil männlich, verheiratet, hat 2 Kinder einen Job im Büro usw. usw. usw.

Ich hoffe, bei dir liege ich nicht allzu sehr daneben.

Wenn du Schwierigkeiten hast, dir deine Zielperson vorzustellen, dann besorge dir ein Bild dieser Person. Einfach aus der Zeitung oder aus einer Illustrierten ausschneiden.

Stelle dir das neben deinen Monitor, so hast du deine ideale Zielperson immer vor Augen.

Schreibe so schnell wie möglich

Schreibe so schnell wie möglich, wie dir der Schnabel

gewachsen ist. Versuche dabei, immer eine feste Zeit durchzuhalten. Wie lang diese Zeit ist, musst du für dich herausfinden.

Bei mir sind 25 Minuten. Es kann aber auch sein, dass es bei dir 60 Minuten sind. Probiere es einfach aus.

Nach dieser Zeit machst du eine Pause. Hol dir einen Kaffee, einen Tee oder mach einfach nur die Augen zu. Danach geht es wieder von vorn los.

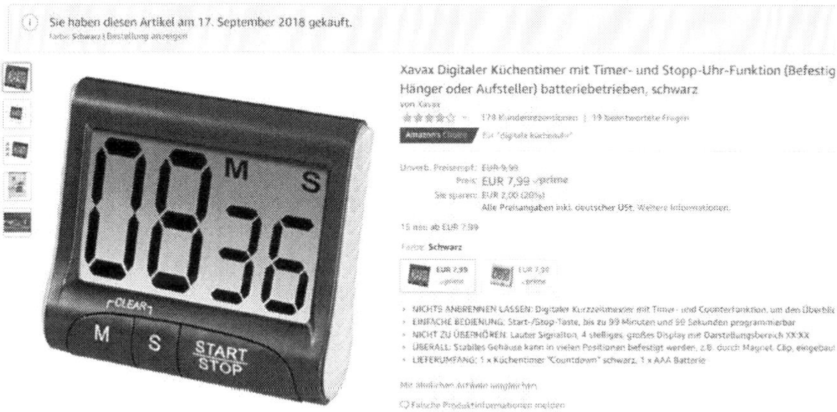

Digitaler Küchenwecker von Amazon.de unter https://amzn.to/2Hq8yPE

Damit ich diesen festen Zeitabschnitt auch wirklich einhalte, habe ich mir einen digitalen Küchenwecker gekauft. Der zählt die Minuten rückwärts und meldet sich, wenn die Zeit abgelaufen ist. Und kostet nur ein paar Euro.

Ein schöner Nebeneffekt ist, dass ich so eine kleine Strichliste führe und jeden Tag exakt weiß, wie viel Minuten ich tatsächlich geschrieben habe. Da kommt dann einiges zusammen.

Mache viele kleine Absätze

Ich sehe manchmal Bücher, bei denen eine ganze Seite hindurch nicht ein einziger Absatz zu finden ist. Spätestens nach der halben Seite sind meine Augen müde. Für mich sind solche Seiten der reinste Horror.

Ich habe es mir deshalb zur Regel gemacht, dass bei meinen Büchern nach jedem Gedankengang ein Absatz folgt. Und das solltest du auch so halten.

Ideal ist es, wenn deine Absätze aus 3 – 8 Zeilen bestehen. Das lässt sich gut lesen und dein Leser findet auch schnell den Einstieg, wenn er das Buch einmal zur Seite gelegt hat.

Benutze „visuelle“ Wörter

Versuche deine Worte so zu wählen, dass vor den Augen deines Lesers ein Bild entsteht. Versuche also, das „Kopfkino“ deines Lesers anzuwerfen.

Das erreichst du mit Sätzen wie: „Wenn dein Buch ein Bestseller ist, wird dein Einkommen durch die Decke gehen.“

Das ist vielleicht etwas übertrieben. Es soll dir auch nur zeigen, wie aus Worten Bilder entstehen.

Streiche, was doppelt oder überflüssig ist

Der Text, den du auf dem Bildschirm siehst, wenn du dein Frage-Inhaltsverzeichnis abgearbeitet hast, ist noch nicht dein fertiges Buch.

Was du da vor dir hast, ist ein Manuskript. Ein Roh-Text, den du erst noch zu einem geschliffenen Buch machen musst.

Das beginnt damit, dass du dir alles noch einmal durchliest und wegstreichst, was doppelt oder unnötig ist. Das heißt nicht, dass du Dinge, die besonders wichtig sind, im Laufe des Buches nicht auch einmal wiederholen darfst.

Dein Leser soll aber auf keinen Fall den Eindruck haben, dass du den Text streckst, um viele Seiten zu erzeugen nur um so ein dickes Buch zu erhalten.

Leider sieht man das sehr oft gerade bei eBooks mit wenig Worten. Da wird dann auch gern einmal die Schriftgröße angehoben und der Zeilenabstand verdoppelt.

Bleibe ehrlich, dein Leser wird es dir danken. Und der soll ja auch dein nächstes Buch kaufen und lesen wollen.

Baue beim Schreiben eine Freundschaft auf

Ich hab's ja eben schon angedeutet: Dein Leser soll ein Fan von dir werden. Das erreichst du zum Beispiel, wenn du Bücher mit ähnlichen Themen schreibst. Kennst du jemanden, der nur einen Band von Harry Potter gelesen hat? Ich nicht. Wer da einen gelesen hat, hat auch die anderen gekauft.

Zugegeben, bei Sachbüchern ist das nicht ganz so einfach wie bei Krimis oder Phantasy, in denen immer wieder derselbe Held ein spektakuläres Abenteuer nach dem anderen erlebt.

Trotzdem kannst du dir auch beim Schreiben von Sachbüchern einen Namen als absoluter Fachmann auf deinem Gebiet machen.

Wenn du zum Beispiel leidenschaftlicher Golfer bist,

kannst du eine stattliche Serie von Büchern schreiben. Angefangen beim Golfen für Anfänger über verschiedene Techniken und deren Wirkung auf dein Spiel bis hin zu den schönsten Golfplätzen Europas oder der Welt.

Ich verstehe leider gar nichts von Golf, habe aber sehr viel Erfahrung sammeln dürfen, wie man auf vielfältige Weise Geld im Internet verdienen kann. Und daher ist das auch mein Hauptthema.

Spätestens, wenn dein Leser das Buch gelesen hat und alle seine Fragen beantwortet sind, wenn also sein Problem durch dein Buch gelöst ist, fühlt er sich dir dankbar und in Freundschaft verbunden. Und er wird sich dafür interessieren, welche Bücher du sonst noch geschrieben hast.

Bei mir, wie gesagt ist es das Thema Geld. Dieses Thema ist vielschichtig. Geld fehlt in vielen Bereichen und es gibt viele Möglichkeiten, welches zu verdienen. Raum für eine ganze Reihe von Büchern. Beachte das bitte auch bei deiner ersten Themenwahl.

Motivation ist alles

Ich hatte es am Anfang ja schon einmal erwähnt, das Schreiben ist Schwerstarbeit. Wenn ich dir auch hier einen Weg zeige, wie du dir diese Schwerstarbeit durch die Frage / Antworttechnik deutlich erleichtern kannst.

Das große Problem beim Schreiben eines Buches sind die vielen Vorarbeiten und Recherchen, die nötig sind, um alle Informationen zusammen zu tragen. Wenn das erst einmal getan ist, hast du schon die halbe Miete.

Ich mache es mir da noch schwerer, denn ich teste jede Art; Geld zu verdienen ausgiebig selbst und schreibe nur darüber, wenn es wirklich funktioniert.

Derzeit zum Beispiel arbeite ich an meinem nächsten Buch, das davon handelt, wie man Network Marketing ausschließlich über Facebook betreiben kann. Kein Produktverkauf, keine Verkaufspartys, keine Meetings und keine Jubelveranstaltungen. Und, für mich besonders wichtig, keine Namensliste und kein Anquatschen von Freunden, Nachbarn und Verwandten. Eine tolle Sache, die sich bisher sehr gut anlässt. Wenn dich das interessiert bevor das Buch auf den Markt kommt, schreib mir gerne cinc Mail.

Doch das nur nebenbei.

Nach der ausgiebigen Recherche ist es nötig, täglich, auch wirklich täglich zu schreiben. Ich starte da immer mit meinem digitalen Küchenwecker. Du erinnerst dich?

Ein Druck auf den Einschaltknopf und die Zeit verrinnt unweigerlich. Glaub mir, das hilft. Wenn ich erst einmal beim Schreiben bin, flitzen die Finger nur so über die Tasten. Die Zeit vergeht wie im Fluge.

Ich habe den großen Vorteil, dass ich das Schreiben liebe. Das war schon früher in der Grundschule so. Meine Diktate waren ein Graus, aber meine Aufsätze wurden gelobt.

Es hat allerdings viele Jahrzehnte gedauert, bis ich wieder angefangen habe zu schreiben. Und noch weitere Jahre, bis mir jemand gezeigt hat, dass ich meine Texten bei Amazon Kindle völlig kostenlos und absolut ohne jedes Risiko veröffentlichen kann.
Und gutes Geld verdiene ich auch noch damit.

Beides ist zu meiner Hauptmotivation geworden. Und ich denke, das kann und sollte auch deine Motivation sein.

Es ist ganz einfach:

- Sei ständig auf der Suche nach geeigneten Ideen für ein Buch. Glaube mir, es gibt tausende Probleme und Millionen Menschen, die nach Lösungen suchen. Mache dir Notizen. Immer wenn dir ein Thema einfällt, schreib es dir auf. So hast du schnell eine Liste mit vielen Themen.

- Entscheide dich für das Thema, das dich besonders stark anspricht. Dann kannst du es kaum erwarten, deine Recherchen zu machen. Solltest du am Anfang noch nicht alle Informationen haben, ist das nicht so schlimm. Du kannst auch während des Schreibens noch recherchieren. Allerdings dauert die Arbeit an deinem Buch dann länger.

- Wenn dich dein Thema brennend interessiert, hast du keine Probleme täglich zu schreiben. Dann schaffst du locker ein Buch mit 13.000 bis 15.000 Worten in 4 Wochen.

Wenn diese Punkte zutreffen, muss dich niemand motivieren. Denn mit der richtigen Wahl deiner Themen motivierst du dich selbst.

Geld regiert die Welt. Diesen Spruch kennst du bestimmt. Viele Menschen gehen täglich einer Arbeit nach, zu der sie keine Lust haben. Ihre Arbeit ist für sie eine Belastung und nicht wenige werden krank davon. Aber sie müssen arbeiten, um leben zu können.

Wie großartig ist es da, eine Beschäftigung zu haben, die einem Freude macht. Eine Beschäftigung, die nicht nur Hobby oder Freizeitausgleich ist, sondern mit der du auch noch Geld verdienen kannst.

Das Schreiben von Büchern ist so ein Ausgleich. Und er kann schnell zum Haupterwerb werden, wenn du die richtigen Themen findest und nach der Anleitung in diesem Buch selbst gute und sehr gute Bücher schreibst.

Sicher, Geld ist nicht alles. Wichtig für dich ist, wofür du das Geld verwenden willst. Dieses **WOFÜR** ist deine wichtigste Motivation.

Es gibt eBook Autoren, die verdienen bei Amazon mit nur einem Buch über Tausend Euro im Monat. Das ist, zugegeben, die Ausnahme. Mit einem guten Buch zu einem gefragten Thema, das viele gute Bewertungen bekommt, kann aber jeder 100,00 – 200,00 und auch mehr Euro im Monat verdienen.

Das tolle ist, du musst dieses Buch nur einmal schreiben. Einmal 4 Wochen intensiv daran arbeiten. Dann verdient dieses Buch jeden Monat Geld für dich. Einfach so, ohne weiteres Zutun.

Während dein Buch Geld verdient, schreibst du das nächste. Jeden Monat eins. Du kannst dir selbst ausrechnen, wann du so viel Bücher hast, dass du deinen Job an den Nagel hängen kannst.

Aber vielleicht machst du deine Arbeit ja auch gern und hättest Lust auf mehr Geld nebenbei. Für schönen Urlaub, für eine schönere Wohnung, für mehr Lebensqualität oder als späteren Zusatz für deine Rente?

Was auch immer deine Motivation ist, führe sie dir ständig vor Augen. Das treibt dich an, erfolgreich zu werden. Schreibe dir deinen Haupt-Motivationsgrund auf einen Zettel und klebe ihn dir unten an deinen Monitor. So weißt du immer, warum du vor dem Bildschirm sitzt.

Ohne Disziplin geht es nicht

Wenn die Motivation stimmt, kommt die Disziplin von ganz allein. Alle erfolgreichen Menschen auf der Welt haben ihre Ziele nur durch Disziplin erreicht. Es gibt unzählige Bücher darüber.

Disziplin ist nichts Anderes, als zur richtigen Zeit die Dinge zu tun, die wichtig sind. Doch die wenigsten Menschen tun das, was gerade wichtig ist. Sie lassen sich treiben, sie trauen sich nicht, sie finden unzählige Ausreden.

Was denen bleibt, ist zu bereuen, was sie im Leben alles nicht erreicht haben.

Eine immer anzuwendende Erfolgsformel ist:

- Du musst wissen, was du willst, was dein Ziel ist.
- Du musst wissen, warum du dein Ziel erreichen willst.
- Du musst aktiv werden, um dein Ziel zu erreichen.
- Du musst dir das Gefühl vorstellen können, das du hast, wenn du dein Ziel erreichst.

Wenn du es nicht schaffst, aktiv zu werden, ist dein Ziel, dein „Warum“ zu klein. Dann hilft auch alle Motivation nicht.

Dein Buch überarbeiten

So, nach diesem kleinen Ausflug zur Motivation soll es jetzt wieder um dein Buch gehen.

Du hast es in der Roh-Form fertig, hast alle Fragen deines Leitfadens beantwortet und alle fehlenden Informationen ergänzt. Damit hast du die schwerste Arbeit hinter dir.

Achte auf die logische Reihenfolge

Jetzt geht es daran, noch einmal genau zu schauen, ob die logische Reihenfolge stimmt. Mir geht es oft so, dass ich da noch etwas ändere. Weniger in der Reihenfolge der Hauptkategorien, oft aber in der Reihenfolge der Unterkategorien. Wichtig dabei ist unbedingt der logische Aufbau.

Du kennst das sicher, wenn eine Frage beantwortet ist, tut sich oft eine weitere auf. Nach deren Beantwortung dann wieder eine usw.

Wenn hier die Reihenfolge nicht logisch ist, entsteht ein Bruch und dein Leser verliert den roten Faden. Das darf nicht passieren. Versetze dich beim Lesen daher immer in die Rolle deines noch unwissenden Lesers.

Streiche Unnötiges

Jetzt ist auch die richtige Zeit, unwichtige Dinge wegzustreichen. Bist du irgendwo vom Thema abgekommen? Ist der eine oder andere Satz nicht wichtig? Dann streiche ihn. Ich bin sicher, da wirst du einiges finden.

Denke immer an die Frage und, ob das Geschriebene diese

Frage auch wirklich exakt beantwortet. Ohne Umschweife, ohne abzuschweifen, kurz und bündig. Das ist es, was dein Leser erwartet.

Rechtschreibung und Satzbau

Rechtschreibung und Satzbau sind für vielen Kindle eBook Autoren ein Problem. Denn fachmännische Korrektur ist ziemlich teuer.

Oft werden da Preise von 3 -4 Cent je Wort verlangt und da kommen bei einem Buch wie diesem hier mit über 20.000 Worten schnell 600,00 bis 800,00 Euro zusammen.

Viel kann man da auch selbst machen. Oder Freunde, idealerweise einen befreundeten Deutschlehrer bitten, das Buch einmal durch zu lesen.

Das meist gebrauchte Schreibprogramm ist Microsoft Word. Hier findest du schon einmal eine Rechtschreibprüfung.

Als Erweiterung zu Word gibt es ein Korrekturprogramm namens Duden Korrektor.

Den Duden Korrektor findest du unter https://www.epc.de/unsere-loesungen/der-duden-korrektor-12-0-fuer-microsoft-office

Dieses Programm kostet einmalig 79,00 Euro und ist schon deutlich besser als die Word eigene Korrektur.

Eine noch bessere Empfehlung ist, auf MS Word zu verzichten und gleich ein Schreibprogramm zu wählen, das speziell für Autoren entwickelt wurde.

So ein Programm ist Papyrus Autor. Es hat großartige Möglichkeiten, die speziell auf Autoren zugeschnitten sind und einen sehr guten Korrekturmodus mit sehr guter Überprüfung der Kommaregeln.

Website von Papyrus Autor unter https://www.papyrus.de/

Wenn du also professionell Bücher schreiben und damit Geld verdienen willst, ist dieses Programm genau richtig für dich.

Ich habe meine Bücher bisher mit MS Word geschrieben. Auch dieses hier. Als Ergänzung habe ich mir nach dem zweiten Buch den Duden Korrektor für 79,00 Euro gekauft und jetzt habe ich mir gerade Papyrus Autor bestellt.

Denn mir MS Word war die Korrektur auch mit Duden-Korrektor recht aufwändig. Und trotz dieses Aufwands habe ich immer noch Fehler übersehen.

Papyrus Autor jedoch hat einen Lektorats-Modus und ich hoffe, damit geht es dann einfacher. Einmalig 179,00 Euro sind auch deutlich günstiger als jedes Mal einen Lektoren zu bezahlen.

Inhaltsverzeichnis einfügen

Jedes Buch braucht ein Inhaltsverzeichnis und gerade für dein eBook ist es besonders wichtig. Denn in einem eBook ist es möglich, per Link direkt aus dem Inhaltsverzeichnis zu dem Kapitel zu springen, das dein Leser gerade lesen will.

Das Inhaltsverzeichnis kannst du ganz einfach anlegen. Ich zeige dir das hier in Microsoft Word, dem Programm, das ich für dieses Buch hier und wohl auch die meisten von euch zum Schreiben benutze. In Open Office geht das aber sicher genauso oder ähnlich.

Das Inhaltsverzeichnis kommt in meinen Büchern immer direkt nach der Titelseite und dem Urheberrecht-Hinweis, den ich am Anfang des Buches und am Ende einfüge. Manchmal kommt, wie in diesem Buch hier, noch eine Widmung dazu.

Für das Inhaltsverzeichnis schaffst du eine leere Seite, indem du am Ende der letzten Seite davor, also zum Beispiel der mit der Widmung, die Taste „Strg“ und „Return“ gleichzeitig drückst.

So entsteht ein Seitenumbruch, den du auch nach jedem Kapitelende setzen solltest.

Jetzt befindest du dich auf einer neuen Seite deines Word-Dokuments. Klicke da bitte mit dem Cursor hinein.

Jetzt klickst du im oberen Word-Menü auf „Referenzen“ und siehst dann ganz links den Button „Inhaltsverzeichnis“.

Wenn du darauf klickst, öffnet sich ein Menü mit der Auswahl verschiedener Formate für ein Inhaltsverzeichnis. Ich wähle immer die erste Variante.

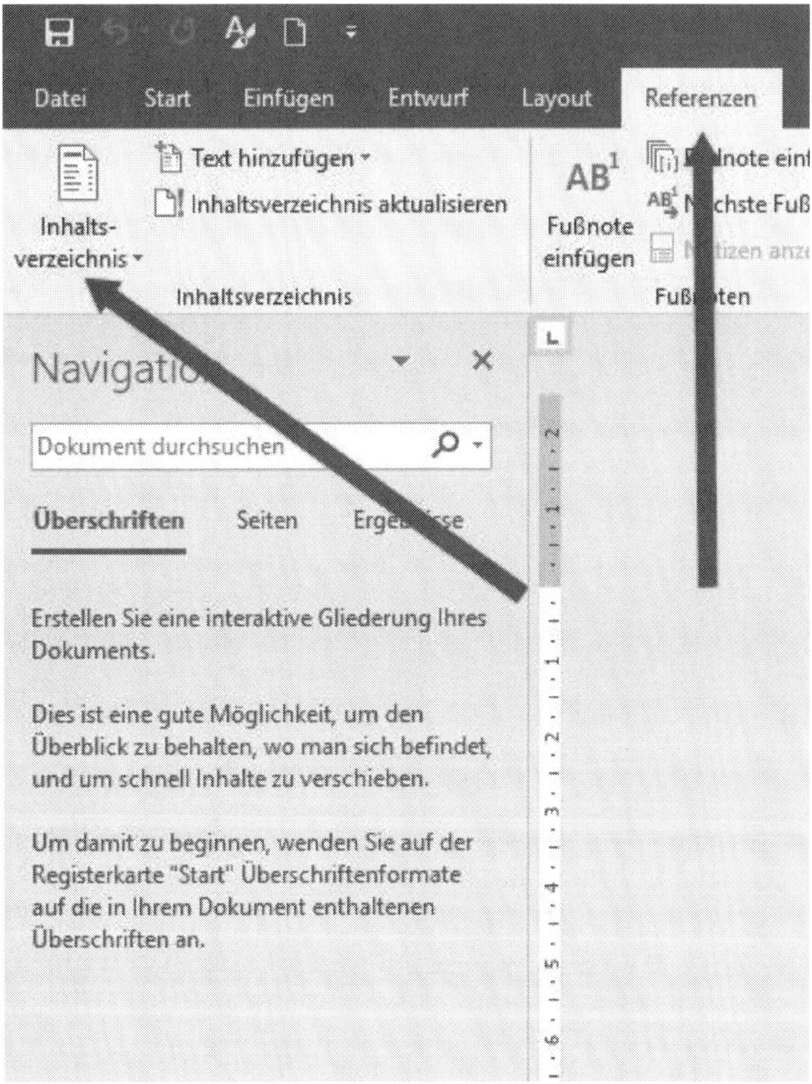

Abbildung zu Auswahl eines Inhaltsverzeichnisses bei Microsoft Word

Jetzt erstellt die Word automatisch ein Inhaltsverzeichnis. Es setzt sich aus allen Überschriften und Unterüberschriften deines eBook-Dokuments zusammen.

Dabei werden die Kapitelüberschriften, für die du H1 wählen solltest, angezeigt und die Unterüberschriften, für die du H2 wählen solltest, sind seitlich etwas nach rechts gerückt.

Inhalt

Vorwort 4
Finanzielle Freiheit 9
Aktives und passives Einkommen 11
  Finanzielle Freiheit mit aktivem Einkommen? 11
  Finanzielle Freiheit mit passivem Einkommen 12
Warum sich eBooks so gut als passive Einkommensquelle eignen 13
Was ist eigentlich ein eBook 16
Ohne sorgfältige Recherche solltest du nicht beginnen 18
  Amazon hilft dir, Nischen zu finden 18
  Was bedeutet der Amazon Bestseller Rang (ABSR) 24
  Kann ich mit meinem Thema Geld verdienen? 26
  Keyword-Suche und Mitbewerber-Vergleich 29

Beispiel eines Inhaltsverzeichnisses

Zum besseren Verständnis findest du hier noch ein YouTube-Video dazu:

https://www.youtube.com/watch?v=pEnr0cN_wQw

Die Seitenzahlen sind für dein eBook nicht relevant, da sich die Seiten ja abhängig von dem Gerät, auf dem das eBook dargestellt wird, verändern.

Auf einem Laptop wird pro Seite mehr Text abgebildet als auf einem Tablet oder einem Handy. Deshalb entfernt Amazon in deinem eBook die Seitenzahlen automatisch.

Für das Taschenbuch, das du ja auch noch veröffentlichen solltest, sind diese Zahlen aber wichtig. Doch dazu später mehr.

Dein Buch-Marketing

Unter Buch-Marketing verstehen wir alles, was entscheidend dafür ist, dass dein Buch auch wirklich im Amazon Kindle Shop gefunden und dann auch gekauft wird.

Hier sind einige Dinge zu beachten und es gibt mehrere Stellschrauben, mit denen du nach und nach den Verkauf optimieren kannst.

Bevor es aber darum geht, dein Buch-Marketing im Einzelnen vorzubereiten, muss dein Text erst noch mit einigen Dingen komplettiert werden.

Grundsätzlich sind da bei einem eBook 4 Dinge und bei einem Taschenbuch 5 Dinge zu beachten:

- **Das Cover** (das ist das Bild deines Buches, dass dein zukünftiger Leser im Kindle Shop sieht).
- **Der Titel** (der deinen zukünftigen Leser neugierig machen muss)
- **Der Blick ins Buch** (das ist der Text, den dein zukünftiger Leser als Auszug aus deinem Buch zu sehen bekommt).
- **Der Klappentext** (das ist dir Rückseite deines Taschenbucheinbandes, die ebenfalls neugierig machen soll).
- **Die Buchbeschreibung** (das ist der Verkaufstext für dein Buch, dem dein Leser nicht widerstehen kann).

Ein Cover, das ein echter Hingucker ist

Das Cover, gemeint ist damit erst einmal das kleine Bild,

das man bei Amazon sieht, wenn man dein Buch findet, ist der wichtigste Bestandteil deines Buches gleich nach deinem Text.

Viele behaupten sogar, es wäre wichtiger als der Buch-Text selbst, da das Cover das erste ist, was den Leser und Käufer veranlasst, sich näher mit deinem Buch zu beschäftigen.

Verschiedene Coverbeispiele auf Amazon.de

Gerade beim Cover werden die meisten Fehler gemacht, da viele Kindle-Autoren sich das selbst mit einem Grafikprogramm zusammenschustern und ihr Buch dann bei Amazon ein Mauerblümchen-Dasein fristet. Gerade im Bereich der Ratgeberbücher sind die meisten Cover absolut langweilig.

Schau dir zuerst einmal die Cover an, die andere verwenden, die zum gleichen oder einem ähnlichen Thema schreiben. So hast du schon einmal den ersten Eindruck, wie die meisten Cover aussehen.

Vermeide dann, dich diesem Einheitsbrei anzuschließen. Denn dein Cover soll und muss sich von den anderen abheben.

Gehe dabei auch einmal in den englisch sprachigen Bereich unter Amazon.com und schau dir da die Bücher deines Themas an. Wenn du Probleme mit der englischen Sprache hast, findest du unter https://translate.google.com/?hl=de eine Möglichkeit, auf einfach Weise deutsche Worte ins Englische zu übersetzen.

Website des Google Übersetzers unter https://translate.google.com/?hl=de

Dein Cover muss sofort Aufmerksamkeit erregen. Es muss sich deutlich von der breiten Masse der anderen Bücher deiner Kategorie abheben und neugierig machen. Deshalb rate ich dir, für dein Cover ruhig Geld auszugeben und nicht selber daran zu basteln. Es sei denn, du hast viel Erfahrung im Umgang mit Grafikdesign und verfügst über ein gutes Grafikprogramm wie zum Beispiel Adobe Photoshop.

Sicher, ein guter Cover Designer kostet einiges an Geld. Dafür bekommst du aber auch Qualität, die sich schon schnell bezahlt machen wird.

Es gibt Plattformen im Internet, auf denen du gute Cover Designer finden kannst.

Hier zwei gute Beispiele:

https://99designs.de/ebook-cover-design

https://www.designenlassen.de/ebook-cover-design

Für weniger Geld bekommst du Cover bei:

https://www.machdudas.de/jobber/neu

https://www.fiverr.com/

Wähle aber nie den billigsten und verabrede, dass du mehrere Vorschläge bekommst, um dich dann für den besten zu entscheiden.

Oftmals wird in Facebook Gruppen, die sich mit Selfpublishing, also mit dem selbst veröffentlichen von Büchern, beschäftigen, von dem einen oder anderen das Designen von Covern angeboten. Schau dir da unbedingt bereits erstellte Arbeiten an, die zu deinem Thema passen.

Wenn du gar kein Glück mit einem guten Designer hast oder dir erst einmal das Geld fehlt, um ein perfektes Cover zu kaufen, kannst du auch erst einmal die Hilfe von Amazon annehmen.

Amazon bietet dir in deinem KDP-Mitgliederbereich bei der Einstellung deines eBooks die Möglichkeit, mit dem Kindle Cover Designer auf recht einfach Art ein Cover zu erzeugen.

Dazu findest du ein Video auf der KDP Hilfeseite: https://kdp.amazon.com/de_DE/help/topic/G201834290

Der Coverdesigner von Amazon.de

Hier wird dir erklärt, wie du ein recht ansehnliches Cover selbst erstellen kannst. Aber das wird sicher nicht an ein Cover herankommen, dass dir ein guter Designer anfertigt.

Du kannst jedoch dein eBook Cover und auch dein

Taschenbuch Cover jederzeit nachträglich in deinem KDP Mitgliederbereich ändern. Wenn du also das erste Geld verdient hast ...

Was du auf jeden Fall machen solltest ist, dir ein professionell erstelltes Bild für dein eBook zu kaufen.

Kaufe unbedingt ein professionelles Bild

In der Regel haben Cover bei Amazon ein Bild als Grundlage. Das muss nicht unbedingt sein, hat aber meiner Meinung nach den Vorteil, dass du mit einem Foto oder einer guten Grafik schnell ein Gefühl herüberbringen kannst.

Nun kannst du natürlich nicht einfach ein Bild aus dem Internet kopieren und für dein Cover verwenden. Auch bei Bildern besteht ein Urheberrecht und es gibt jede Menge Rechtsanwälte, die Tag ein, Tag aus das Internet durchforsten, um unrechtmäßigen Gebrauch von Bildern teuer abzumahnen. Gerade im Amazon Kindle Shop werden sie immer wieder fündig.

Deshalb solltest du dein Bild bei einer Internet Bild Agentur kaufen, die dir dann auch die Lizenz zum Gebrauch des Bildes überträgt.

Dieses Bild solltest du dann dem Designer übermitteln, der dein Cover erstellt.

Oft bieten gerade Designer aus den benannten Facebook Gruppen das Bild gleich mit an. Diese haben in der Regel ein Abo bei einer Bild Agentur und du kannst dir dort ein Bild aussuchen, dass er verwendet.

Lass die Finger davon! Eine Bildlizenz ist nicht übertragbar. Wenn du eine Abmahnung bekommst, kannst du keine eigene Lizenz vorweisen und bist der Gelackmeierte.

Leider wollen dir heutzutage fast alle Bilderagenturen ein Abo verkaufen.

Du bekommst dann zum Beispiel für 29,90 Euro die Möglichkeit, jeden Monat 10 Bilder in hoher Auflösung herunterzuladen.

Doch was willst du mit 10 Bildern pro Monat, wenn du nur ein Buch im Monat schreibst. Oder gar noch weniger?

Bis zum 5. November 2019 gibt es noch Fotolia.com. Hier hast du die Möglichkeit, Bilder auch einzeln zu kaufen. Hier kaufe auch ich zurzeit noch meine Bilder.

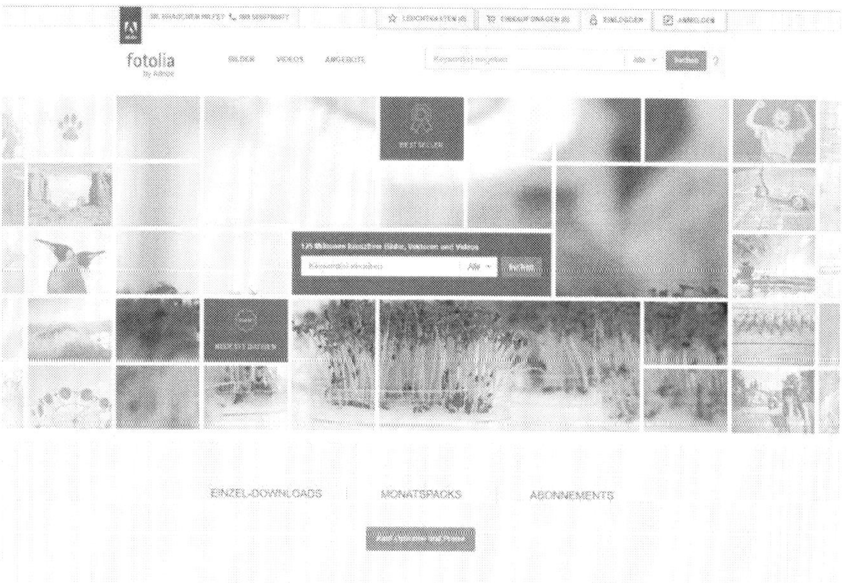

Abbildung Webseite https://de.fotolia.com/

Allerdings musst du da nach der kostenlosen Anmeldung ein Kontingent an Credits kaufen, mit denen du dein Bild dann bezahlst.

Das kleinste Credit-Paket kostet 14,00 Euro und beinhaltet 10 Credits. Ein Cover-Bild sollte die ungefähre Größe von 1000 x 1500 Pixel haben, damit es in bester Qualität abgebildet wird.

Für ein gutes Bild in dieser Größe bezahlst du bei Fotolia meist 6 Credits. Deshalb empfehle ich dir, lieber das Paket mit 26 Credits für den Betrag von 35,00 Euro zu kaufen. Denn für 26 Credits bekommst du im Bedarfsfall 4 verschiedene Cover-Variationen erstellen.

Für ein Cover solltest du nur Bilder wählen, die eine vertikale Ausrichtung haben, also hochkant abgebildet sind. Diese Einstellung kannst du bei der Suche vorwählen.

Wenn du Freunde oder die Familie an der Auswahl deines Cover-Bildes beteiligen möchtest, kannst du die ausgewählten Bilder aber auch erst einmal in einer geringen Qualität als kostenlose Layout-Bilder downloaden.

Hast du das so passende Bild gefunden, reichen die 25 Credits auch für 4 verschiedene Bücher.

Jedes Bild, ausgenommen du entscheidest dich für ein kostenloses, ist mit einem Copyright versehen. Bei Fotolia.com wird dir das Recht am Bild überragen. Was du damit machen darfst, wird in einer Lizenz geregelt.

Näheres hier:

https://de.fotolia.com/Info/SizesAndUses/Images

Neben Bildern, die du kaufen musst, gibt es auch kostenlose Bilder im Internet, die keinem Copyright unterliegen. Trotzdem kommt es immer wieder einmal vor, dass Fotografen, die ihre Bilder einer Plattform für kostenlose Bilder zur Verfügung stellen später, wenn jemand das Bild für kommerzielle Zwecke nutzt, auf einen Anteil am Gewinn klagen. Deshalb ist hier Vorsicht geboten.

Außerdem überprüfen diese Agenturen auch nicht, ob derjenige, der das Bild zur Weitergabe hoch lädt, auch wirklich der Urheber ist. Auch da kann es schnell zu einer Abmahnung kommen.

Kostenlose Bilder gibt es zum Beispiel bei:

https://pixabay.com/

Abbildung Webseite Pixabay.com

Du wirst aber schnell merken, dass die Bilder bei Pixabay.com bei Weitem nicht die Qualität haben, die du bei Fotolia.com oder anderen Bild-Agenturen bekommst.

Ein weitere, sehr gute Adresse ist:

https://de.depositphotos.com/

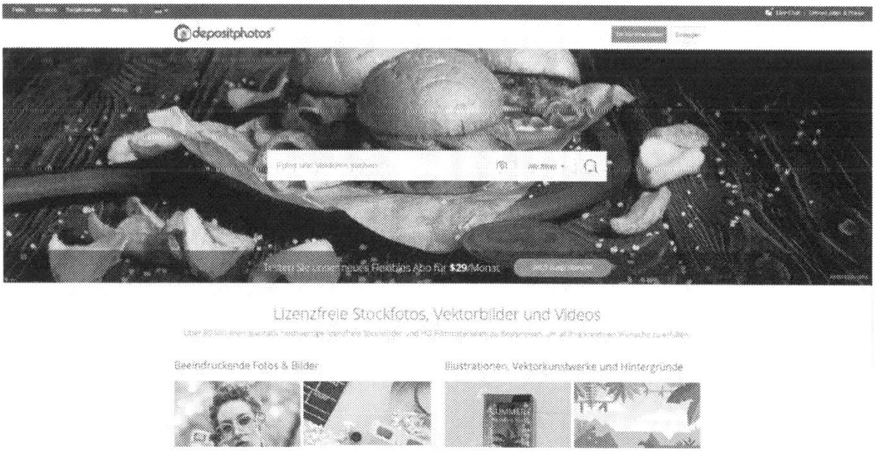

Abbildung Webseite depositphotos.com

Dort findest du die mit Abstand besten und professionellsten Bilder. Aber leider musst du da ein Abo abschließen, dass dir eine gewisse Zahl an Bilder pro Monat zur Verfügung stellt.

Ein Titel, der neugierig macht

Nachdem der Kunde auf das Cover aufmerksam geworden ist, ist der Buchtitel das Nächste, was er sieht. Wenn der nicht dazu auffordert, sich näher mit deinem Buch zu beschäftigen, war es das und der Kunde wendet sich einem anderen Buch zu.

Deshalb ist dein Buchtitel das Wichtigste gleich nach deinem Coverbild.

Wie schon gesagt, dein Buchtitel muss neugierig machen. Und er muss gerade bei einem Sachbuch schon aussagen, dass dein Buch die Lösung für ein Problem bietet.

Auch hier gibt es natürlich mehrere Wege, um zu einem schlagkräftigen Titel zu kommen.

Wandele erfolgreiche Titel ab

Zum Glück musst du auch hier nicht das Rad neu erfinden. Viele erfolgreiche Buchtitel lassen sich so umwandeln, dass sie auch für dein Buch passen.

So lese ich gerade den Buchtitel „Nie wieder Pickel – Pickel vermeiden auf natürliche Weise“. Dieser Titel lässt sich gut auf unser Schweißfuß-Thema abändern:

„Nie wieder Schweißfüße – Schweißfüße vermeiden auf natürliche Weise“.

Vielleicht findest du aber noch einen besseren Titel. Probiere es aus, suche dir mehrere Titel-Varianten und lass unter Freunden abstimmen, welcher Titel den einzelnen am besten anspricht.

Such die wichtigsten Keywords (Suchworte) zu deinem Thema

Welche Worte oder Sätze würdest du in die Google Suche oder bei Amazon eingeben, um Beiträge zu deinem Thema zu finden?

Setzt dich einmal in Ruhe hin und schreibe dir so viele Suchworte oder Suchwortgruppen auf wie möglich.

Solltest du damit Schwierigkeiten haben, findest du im Internet Hilfe. Hier gibt es einige Keywordtools, die dir helfen, die wichtigsten Suchworte zu deinem Thema zu finden.

Ich zeige dir hier zwei Möglichkeiten, die ich besonders gern nutze.

Das ist zum einen der Keywordtooldominator unter https://www.keywordtooldominator.com/

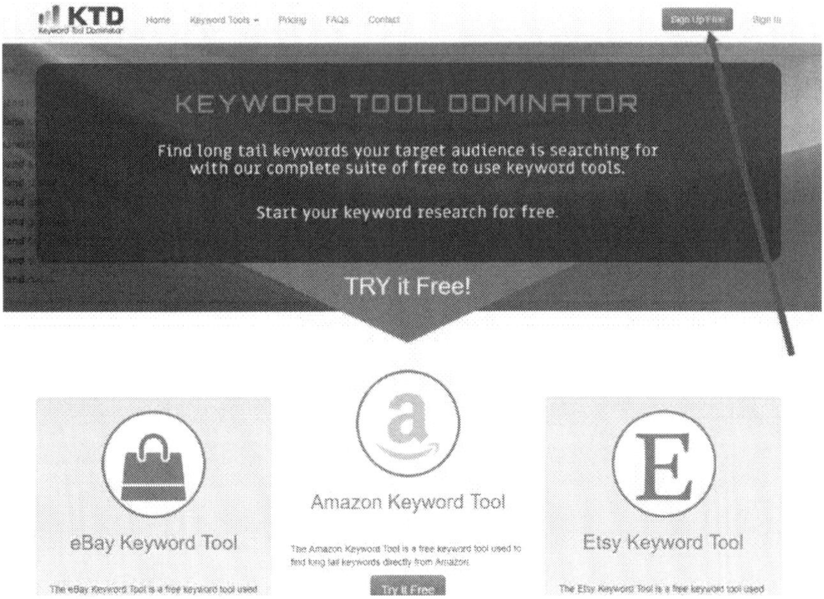

Webseite von https://www.keywordtooldominator.com/

Mit einem Klick auf „Sign Up Free“ kannst du dich hier kostenlos anmelden und den Keyworddominator nutzen. Leider ist die kostenlose Version auf 3 Suchen alle 24 Stunden eingeschränkt. Aber 3 Suchen für einen Titel sollten eigentlich reichen.

Während du ohne eine Anmeldung 3 verschiedene Suchvarianten hast, bietet dir dieses Keywordtool nach der Anmeldung 7 Variationen.

Ich empfehle dir das Amazon Keyword-Tool und das Google Autocomplete Keyword-Tool zu nutzen.

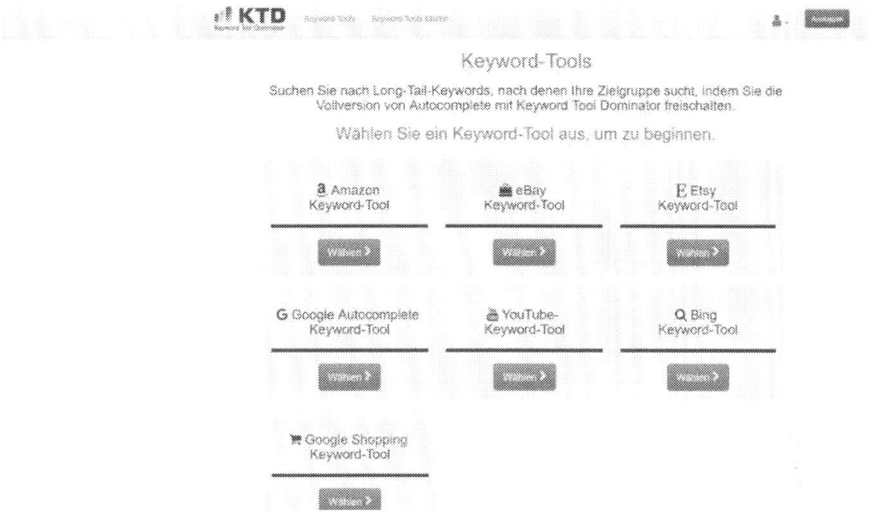

Webseite des Keywordtolldominators nach dem Anmelden und Einloggen https://www.keywordtooldominator.com/

Wenn du so eine größere Anzahl an Keywords gefunden hast, kommt meine 2. Empfehlung zum Einsatz.

Dabei handelt es sich um ein Keyword-Fragen Tool, das du unter http://www.wrel.de/keywordfragen/ findest.

Es wandelt die einzelnen Keywords in Fragen um, die im Internet oft gestellt werden.

So findest du nicht nur Fragen, die auch dein Leser stellen würde, sondern auch noch Ideen für Kapitel oder Unterkapitel, auf die du selbst noch nicht gekommen bist.

In meinem Fall sind das:

- Schweißfüße bei Babys
- Warum haben Babys Schweißfüße?
- Schweißfüße Hund
- Schweißfüße Einlagen

- Wie riechen Schweißfüße?
- usw.

Ein wahrer Ideen-Pool, der sich da auftut und auf den du nicht verzichten solltest.

Die Ergebnisse, die du mit diesen beiden Webseiten, erhältst, brauchen wir später noch, wenn es darum geht, eine Buchbeschreibung zu verfassen, die deinen Kunden zum Kaufen zwingt.

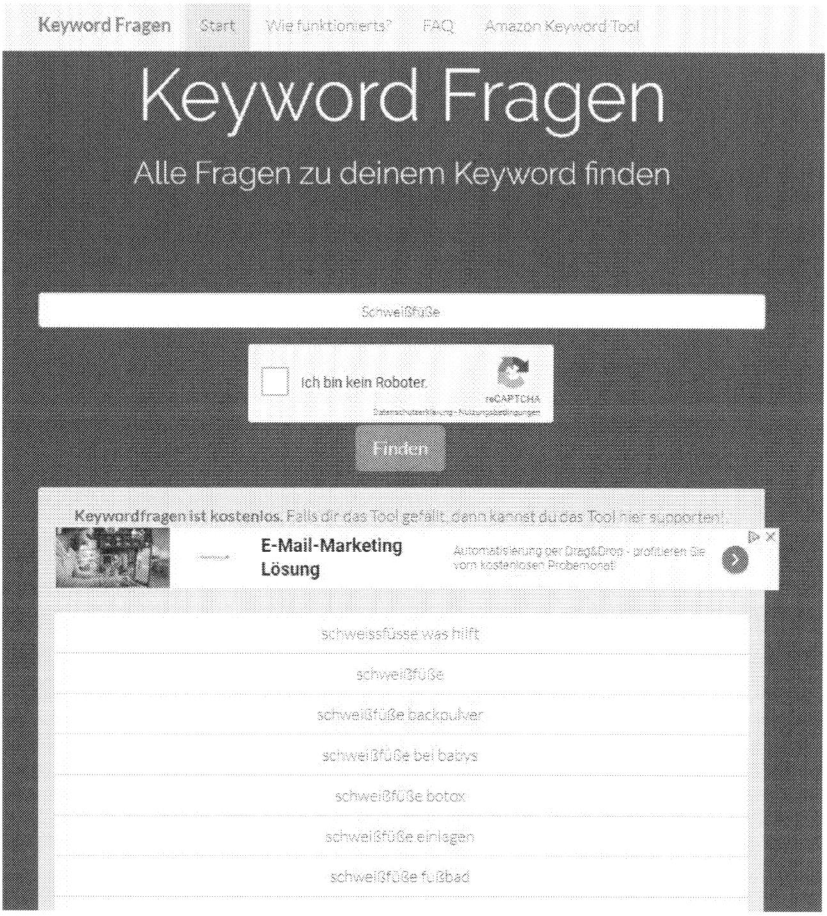

Die perfekte Buchbeschreibung

Die Buchbeschreibung ist der eigentliche Verkaufstext für dein Buch. Hier hast du die Möglichkeit, mit handfesten Argumenten deinen Interessenten davon zu überzeugen, dass er ohne dein Buch für immer mit seinem Problem leben muss. Oder, falls es sich zum Beispiel um Sachbüchern über Hobbys handelt, nie die Perfektion erreicht, die er sich wünscht.

Für die Buchbeschreibung stellt dir Amazon 4000 Zeichen zur Verfügung. Die solltest du auch so gut wie möglich ausnutzen.

So sieht die perfekte Buchbeschreibung aus

Die perfekte Buchbeschreibung ist neben dem Cover und dem Titel der Bereich, in dem du deinem Interessenten ein Verkaufsargument nach dem anderen liefern solltest.

Schon beim Lesen sollte er das Gefühl bekommen, ohne dein Buch seine dringendsten Fragen nie beantwortet zu bekommen. Das ist wie beim Angeln. Der Wurm muss so groß sein, dass der Fisch auch wirklich zuschnappt.

Hier kommt dir zugute, dass du am Anfang, bevor du das Schreiben begonnen hast, deine Zielgruppe und deine Zielperson so genau wie irgend möglich herausgefunden hast.

Das Geheimnis ist: Vorteil, Vorteil, Vorteil.

Nimm dir deinen Leitfaden und liste am besten mit Bullet-Points eine Antwort nach der anderen auf. Am besten in logischer Reihenfolge, wie du auch dein Buch geschrieben hast.

Beispiel:

In diesem Buch zeige ich Dir/Ihnen wie Du/Sie:

- Antwort auf Frage 1
- Antwort auf Frage 2
- Antwort auf Frage 3
- Antwort auf Frage 4
- Antwort auf Frage 5
- Antwort auf Frage 6
- Antwort auf Frage 7
- Antwort auf Frage 8
- usw. usw. usw.

Ob du das Du oder das Sie verwendest, hängt zum einen von deinem ganz persönlichen Gefühl ab und zum anderen auch davon, welches Thema du behandelst. Wichtig ist dabei immer, dass du die positive Wirkung deines Buches herausstellst.

Mache auch immer klar, wie dein Leser am Ende des Buches dasteht.

- Aus Angst wird Zuversicht
- Aus Schmerz wird Freude
- Aus Abneigung wird Liebe
- Aus Versagen wird Erfolg

Auch deine Buchbeschreibung braucht eine Überschrift (Headline), die sitzt. Suche dir auch hier mehrere Varianten und frage Freunde, welche die Beste ist.

Bei Amazon sind Rezensionen besonders wichtig. Denn hier schreiben Leser, ob und was ihnen an deinem Buch gefallen hat oder nicht. Positive Rezensionen eignen sich durchaus auch für deine Buchbeschreibung. Meist sind die ohnehin anonym. Sollte einmal ein Rezensent seinen vollen Namen angeben, solltest du ihn natürlich kürzen. Mehr als 2-3 Rezensionen sollten es aber nicht sein.

Emotionen sind wichtig. Schreibe einen emotionalisierenden Text. Beschreibe die Probleme, das Leiden deines Lesers noch einmal gefühlvoll und mache deutlich, dass du ihm mit diesem Buch helfen wirst, sein Problem aus der Welt zu schaffen.

Sage ihm ganz klar, für wen dieses Buch geschrieben ist und für wen nicht.

Dieses Buch ist für Menschen, die

- ihre Schweißfüße endlich loswerden wollen.
- keine vorwurfsvollen Blicke mehr wollen, wenn sie mit anderen längere Zeit in geschlossenen Räumen sind.
- Die nicht mehr flüchten wollen, wenn sie in fremden Wohnungen die Schuhe ausziehen sollen.
- Die endlich wieder ein geliebter Teil dieser Gesellschaft seien wollen.

Dieses Buch ist nicht geeignet

- für Menschen, die nicht bereit sind, konsequent dieses oder jenes zu tun.
- Denen es egal ist, ob ihre Füße stinken oder nicht.
- Die der Meinung sind, die anderen könnten ja den Raum verlassen, wenn es ihnen hier nicht gefällt.

Ich weiß, diese Beispiele sind sehr provokant, sollen dir aber verdeutlichen, worum es geht.

Dein zukünftiger Leser wird sich mit Sicherheit bei jedem dieser Punkte wiedererkennen. Zum einen will er der sein, für den dieses Buch genau das richtige ist und zum anderen will er genau das nicht sein, was ihn davon abhalten könnte, dieses Buch zu kaufen.

Kurz vor dem Schluss solltest du deinem Kunden unbedingt klar sagen, dass der Kauf deines Buches **kein Risiko** darstellt. Jeder, der etwas kaufen will, hat das Gefühl, er geht dabei ein Risiko ein. Das geht dir sicher genauso.

Dein Kunde hat bei Amazon das Recht, den Kauf innerhalb von 14 Tagen rückgängig zu machen. Darauf solltest du noch einmal ausdrücklich hinweisen, bevor du deinem Kunden sagst, dass er kaufen soll.

So zerstreust du die letzten Zweifel und deutlich mehr Leute kaufen dein Buch als ohne diesen Hinweis. Das Rückgaberecht haben sie ohnehin, auch wenn du nicht ausdrücklich darauf hinweist.

Danach - das darfst du nicht vergessen: solltest du deinen Interessenten unbedingt dazu auffordern, jetzt gleich den Bestellbutton zu drücken, damit er sofort die Lösung bekommt, die er sucht.

Viele neue Leser wissen nicht, was ein Kindle eBook eigentlich ist und wie man es lesen kann. Deshalb solltest du am Ende noch einmal klarstellen, dass, ein Kindle eBook mit jedem PC, Laptop, eBook Reader oder Handy gelesen werden kann. Das passende Leseprogramm kann kostenlos bei Amazon unter dem Link https://amzn.to/2CciMNL herunter geladen werden.

Du kannst in deinem KDP Account jederzeit Änderungen an der Buchbeschreibung vornehmen. So kannst du problemlos mehrere Überschriften nach und nach testen, bis du die beste gefunden hast.

Überhaupt ist testen eine der wichtigsten Dinge für dich.

Das gilt nicht nur für die Buchbeschreibung, sondern auch für den Blick ins Buch, um den es gleich geht.

Der Blick ins Buch

Den Blick ins Buch habe ich dir ja schon gezeigt, als es darum ging, dir Ideen zu deinem Inhaltsverzeichnis zu holen. Ideen wohlgemerkt, nicht abkupfern. Du schreibst DEIN BUCH und nicht das Buch eines anderen. Dein Buch muss sich von anderen unterscheiden. Es muss besser sein, wenn es ein Bestseller werden soll.

Einfach nur abschreiben reicht da nicht. Abgesehen davon, dass es rechtlich auch nicht zulässig ist. Genauso wie dein Buch urheberrechtlich geschützt ist, sind auch die Bücher anderer urheberrechtlich geschützt. Und das ist auch gut so.

Jetzt geht es aber auch nicht um den Blick ins Buch anderer, sondern um deinen eigenen Blick ins Buch.

Für jedes Buch, das im Amazon Kindle Shop angeboten wird, erstellt Amazon einen „Blick ins Buch“, damit der Kunde die ersten Seiten des Buches sehen kann und so einen Eindruck davon bekommt, was er im Buch vorfindet und wie der Autor schreibt.

In der Regel sollen das 10% des Buches sein, ich bin mir aber nicht sicher, ob das immer zutrifft. Scheinbar richtet sich das in erster Linie nach der Seitenzahl.

Da du bei einem eBook DIN A4 Seiten in den Download gibst, ist der Blick ins Buch meist kürzer als bei deinem Taschenbuch, denn dort sind die einzelnen Seiten deutlich kleiner und somit die Gesamtzahl der Seiten entsprechend größer. Das ist zumindest meine Erfahrung.

Darum ist der „Blick ins Buch“ so wichtig

Nach deinem Cover, deinem Titel und der Buchbeschreibung ist der „Blick ins Buch“ das nächste, was sich dein zukünftiger Leser anschaut. Deshalb muss der erste Teil deines Buches deinem Leser unmissverständlich klarmachen, dass er hier die Lösung seines Problems findet.

Natürlich darf da nicht schon die Lösung stehen. Aber du musst ihm auf diesen Seiten deutlich klarmachen, welches Gefühl er hat, wenn er am Ende deines Buches die Lösung findet.

Dabei hilft dir auch dein Inhaltsverzeichnis, das deinem Leser die einzelnen Schritte zur Lösung aufzeigt.

Dein Klappentext beim Taschenbuch

Eine ähnliche Bedeutung wie der Verkaufstext hat auch der Text auf der Rückseite deines Taschenbuchs. Denn auch den Text kann ein potentieller Kunde lesen, bevor er dein Buch kauft.

Dein Taschenbuch wird, genauso wie dein eBook, mit dem Coverbild angezeigt. Da ein Bucheinband eine Vorder- und eine Rückseite hat, musst du für ein Taschenbuch nicht nur, wie beim eBook, die Frontseite des Covers erstellen, sondern auch den Buchrücken und die Buchrückseite, auch Klappe genannt.

Ein guter Designer liefert dir nicht nur das Cover für dein eBook, sondern auf Wunsch auch gern das Cover für dein Taschenbuch mit Buchrücken und Rückseite. Dazu muss er aber genau wissen, wie breit dein Buchrücken ist. Denn dieses Maß ist abhängig von der Seitenzahl deines Buches.

Ich persönlich benutze für mein Taschenbuch-Cover die von KDP selbst angebotene Möglichkeit, mit Hilfe meines professionellen eBook Cover Bildes selbst ein Taschenbuch Cover zu erstellen.

Das kannst du machen, während du dein Taschenbuch in KDP hochlädst.

Über den Autor:
Michael Jäckel, Autor des Bestsellers "Dropshipping von A-Z" und weiterer Bücher zum Thema "Geld verdienen im Internet" beschäftigt sich schon viele Jahre damit, auf möglichst einfache, erfolgreiche Weise und ohne nennenswertes Eigenkapital passive Einkommensmöglichkeiten im Internet zu erlangen.

Kindle eBooks sind ideal, um sich damit ein passives Einkommen im Internet aufzubauen. Denn schon mit nur einem selbst oder von einem Ghostwriter geschriebenen eBook kannst du Monat für Monat gutes Geld im Internet verdienen.

In diesem Buch zeige ich dir Schritt für Schritt, wie du auf einfache Weise ein Kindle eBook schreibst, um es dann bei Amazon zu veröffentlichen. Dazu musst du weder eine eigene Website haben noch einen eigenen Shop. Geld verdienen mit eBook schreiben ist eine der wenigen Möglichkeiten, sich ohne jeden Einsatz von Geld finanziell unabhängig zu machen.

Ich zeige dir, wie du die passende Nische für deine Bücher findest, in der du dauerhaft Geld verdienen wirst. Ich zeige dir, wie du in kurzer Zeit ein eBook selber schreibst oder, wenn dir das nicht liegt, von einem Ghostwriter schreiben lässt. Du wirst lernen, wie du ein Cover für dein Buch erstellst und wie du dein Buch so formatierst, dass deine Leser begeistert sind. Und ich zeige dir, wie du aus deinem eBook in wenigen Schritten ein Taschenbuch zauberst, mit dem du mindestens doppelt so viel Geld verdienst wie mit deinem Kindle eBook.

Kurz gesagt, ich zeige dir Schritt für Schritt genau was du machen musst, um mit dem eigenen eBook ein dauerhaftes, passives Einkommen aufzubauen.

Beispiel für den Klappentext eines meiner Bücher mit dem KDP Coverdesigner erstellt

Da es in diesem Buch in erster Linie darum geht, wie du ein Buch schreibst, soll ein Hinweis auf die KDP Hilfeseite genügen.

Zum Thema „Cover erstellen findest" du ein Video auf der KDP Hilfeseite:

https://kdp.amazon.com/de_DE/help/topic/G201834290

Ausführliche Informationen darüber, wie du dir einen Account bei Amazon KDP einrichtest und alle technischen Informationen, die erforderlich sind, um dein eBook oder Taschenbuch zu veröffentlichen, findest du in meinem Buch „Passives Einkommen durch Kindle eBook schreiben: Wie du mit dem Schreiben oder Schreiben lassen von eBooks und Taschenbüchern finanziell frei und unabhängig wirst“. Hier der Link dazu: https://amzn.to/2BcG4mR

Dieses Buch hier ist sozusagen der 2. Teil, in dem ich direkt auf das Schreiben von Büchern eingehe. Ein oft ausgesprochener Wunsch vieler meiner Leser.

Sicher hast du das auch in der Buchbeschreibung zu diesem Buch gelesen.

Rezensionen

Rezensionen oder Bewertungen sind enorm wichtig für dein Marketing. Denn mit den Rezensionen beurteilen Menschen, die dein Buch gekauft und gelesen haben, die Qualität deiner Arbeit.

Rezensionen sind allerdings nicht leicht zu bekommen. Die Erfahrung zeigt, dass maximal 5 von 100 Käufern dir eine gute Rezension schreiben.

Bei den schlechten Rezensionen ist das anders. Enttäuschte Leser sind deutlich öfter bereit, etwas Negatives zu deinem Buch zu schreiben. Daher ist es wichtig, dass du dein eBook so perfekt wie möglich schreibst und erst dann veröffentlichst, wenn es wirklich perfekt im Inhalt ist und keine groben Rechtschreib- und Grammatikfehler mehr enthält.

Wie schon bemerkt, sind gute Rezensionen nicht leicht zu bekommen. Da sie aber so immens wichtig sind, solltest du am Anfang Freunde, Bekannte und auch Familienmitglieder bitten, dein Buch zu kaufen und nach dem Lesen eine Rezension zu schreiben. Das ist absolut in Ordnung. Das Rezensieren setzt allerdings ein Konto bei Amazon voraus, auf dem schon für mindestens 50,00 Euro eingekauft wurde.

Außerdem dürfen die Familienmitglieder nicht dieselbe Adresse wie du haben und dürfen die Rezension nicht von der gleichen IP-Adresse aus versenden. Diese Rezensionen erkennt Amazon nicht an.

Schaffe dir so die ersten 10 – 12 Bewertungen. Damit hast du eine gute Ausgangsbasis für die kommende Zeit.

Wichtig:

Auch deine Freunde, Bekannten und Verwandten müssen eine ehrliche Rezension hinterlassen. Wird ein Buch bejubelt, dass eigentlich grottenschlecht ist, geht auch das schnell nach hinten los. Denn es fordert unzufriedene Leser geradezu heraus, sich zu beschweren.

Du wirst derartige Rezensionen immer wieder finden:

Ich habe mir dieses Buch aufgrund der vielen positiven Bewertungen gekauft und bin zutiefst enttäuscht...

Unbegründet schlechten Bewertungen

Es kommt immer wieder vor, dass Mitbewerber, also Autoren, die zum gleichen Thema schreiben, dein Buch kaufen, um es mit einer schlechten Bewertung am Start zu hindern. Bei mir ist das regelmäßig so.

Da steht dann zum Beispiel:

Ich habe dieses Buch voller Vorfreude gekauft. Als es nach ein paar Tagen da war begann ich gleich zu lesen. Die Euphorie war ganz schnell verflogen, ich lese viele Bücher und gelegentlich ist da auch mal Müll dabei aber das ist noch mal eine ganz andere Liga. Ich hab noch nie so ein schlechtes Buch gelesen...

Was soll man dazu sagen? Gerade dieses Buch hat derzeit

105 Bewertungen. 90 mal 5 Sterne, 6 mal 4 Sterne, 1 mal 3 Sterne, 1 mal 2 Sterne und 3 mal 1 Stern.

Es ist mein Buch „Passives Einkommen durch Kindle eBook schreiben“, anerkannt das beste Buch, das zu diesem Thema auf dem Markt ist und hat schon sehr viel Lob erhalten. Es hat nicht umsonst fast dauerhaft die Bestseller-Auszeichnung.

Die 5 schlechteren Bewertungen kommen garantiert von Mitbewerbern. Doch miese Rezensionen machen deren Bücher auch nicht besser.

Du kannst dich natürlich gegen unsachgemäße oder gar total falsche Behauptungen wehren. Aber die Leute schreiben dann schon so, dass sie unangreifbar sind. Wie das obere Beispiel zeigt.

Da hilft nur eins: Lach darüber.

Jetzt aber wieder zum Wichtigsten, deinem Buch.

Unterschiedliche Formatierung von eBook und Taschenbuch

Dein eBook kann auf verschiedene Weise gelesen werden. Das ist möglich mit:

- einem Computer,
- einem Laptop,
- einem Tablet,
- einem eBook Reader,
- oder mit einem Handy.

Die Voraussetzungen dafür, dass dein eBook auch wirklich auf diesen verschiedenen Geräten perfekt dargestellt wird, schafft Amazon.

Amazon bietet dir auch ein Programm an, auf dem du das kontrollieren kannst.

Dieses Programm heißt Kindle Previewer.

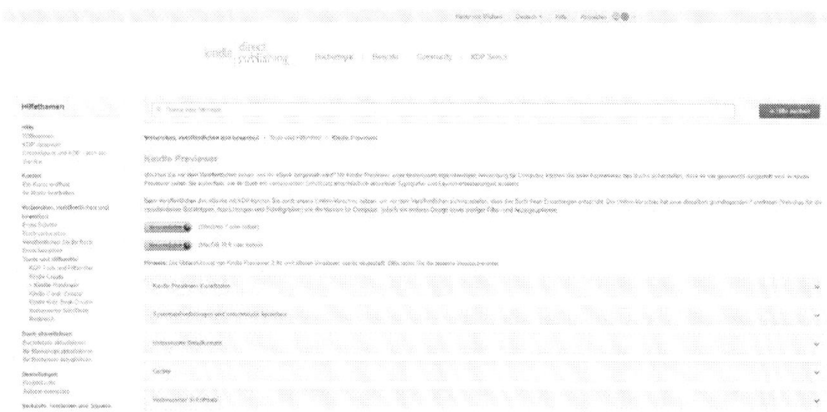

Informationen und den Download zum Kindle Previewer gibt es hier:

https://kdp.amazon.com/de_DE/help/topic/G202131170

So formatierst du ein eBook

Ich zeige dir hier das Formatieren der Texte für ein eBook und ein Taschenbuch anhand des Schreibprogramms Word von Microsoft.

Denn dieses Programm ist das am häufigsten verwendete und so ziemlich auf allen Computern, Laptops, Tablets und sogar auf vielen Handys schon vorinstalliert.

Solltest du nicht über Word verfügen, kannst du auch mit dem Schreibprogramm von Open Office arbeiten, dass kostenlos unter https://www.openoffice.org/de/download/index.html herunterzuladen ist.

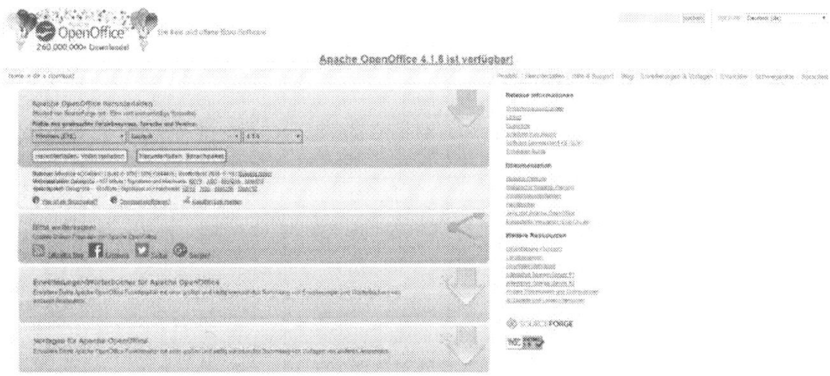

Downloadseite von Open Office unter

https://www.openoffice.org/de/download/index.html

Bevor du mit dem Formatieren beginnst, besser sogar schon vor dem eigentlichen Schreiben, solltest du bei

Word die Formatierungszeichen einschalten.

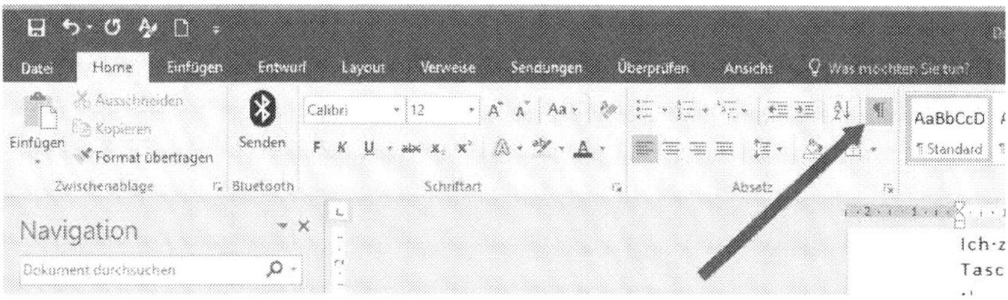

Formatierungszeichen in MS Word einschalten

Dein eBook schreibst du ganz normal im Format DIN A4. Ob bei dir die DIN A4 Seite eingestellt ist, siehst du, wenn du oben im Menü auf „Layout“ klickst und dann auf „Format“.

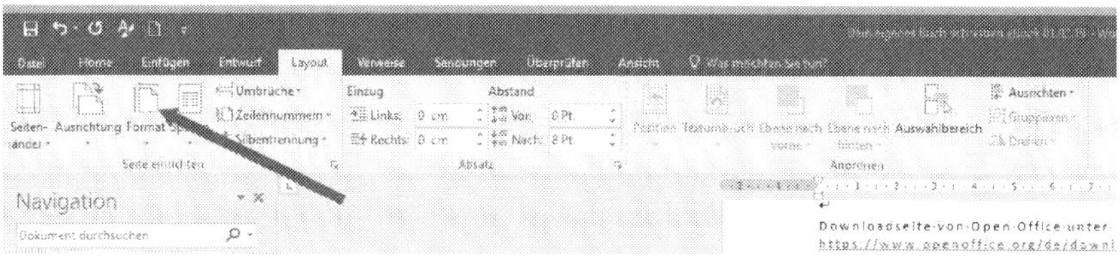

Diese Einstellung brauchen wir später noch beim Taschenbuch, denn das hat ein anderes Format. DIN A4 würde ja auch schlecht in die Tasche passen.

Wichtig beim eBook und auch beim Taschenbuch ist, dass du die Überschriften der Kapitel in der Überschrift H1 formatierst und die Überschrift der Unterkapitel in H2.

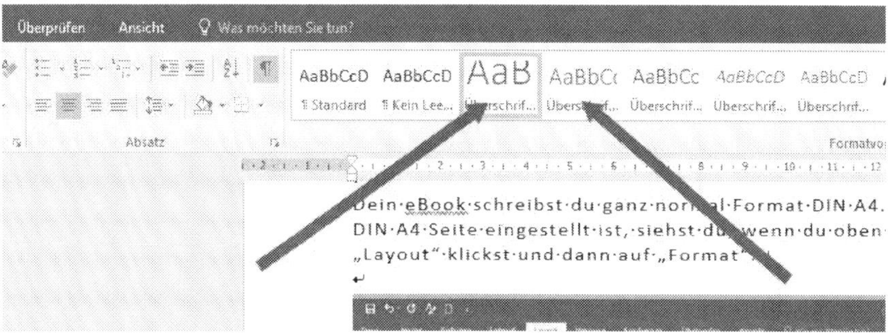

Links die H1 Überschrift, rechts die H2 Überschrift.

Aus den Überschriften setzt sich dann dein Inhaltsverzeichnis zusammen. Dieses Inhaltsverzeichnis kannst du schon während des Schreibens sehen, wenn du im oberen Menü von MS Word bei „Ansicht“ ein Häkchen bei „Navigationsbereich“ setzt.

Ein weiterer Vorteil ist, dass du so bequem von einem Punkt deines Buches zum anderen kommst.

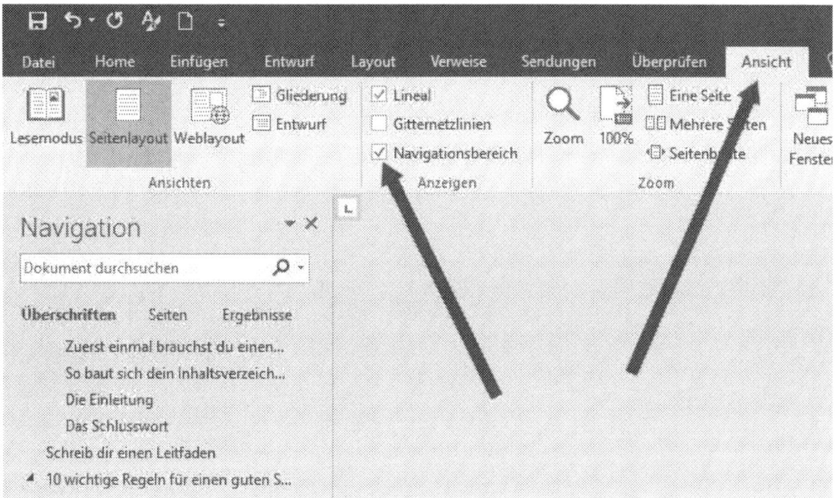

Einschalten der Navigation, die das spätere Inhaltsverzeichnis darstellt

Beim Formatieren deines eBooks gibt es neben den Überschriften nicht viel zu beachten. Wichtig ist nur Folgendes:

Den Text solltest du linksbündig ausrichten. Denn den Blocksatz, den wir später beim Taschenbuch verwenden, erstellt Amazon von sich aus.

Zusätzlich solltest du, wenn ein neuer Absatz beginnen soll, nur weiche Zeilenumbrüche verwenden.

Den weichen Zeilenumbruch erreichst du, wenn du die „Hochtaste“, mit der du große Buchstaben wählst und die „Return Taste gleichzeitig drückst.

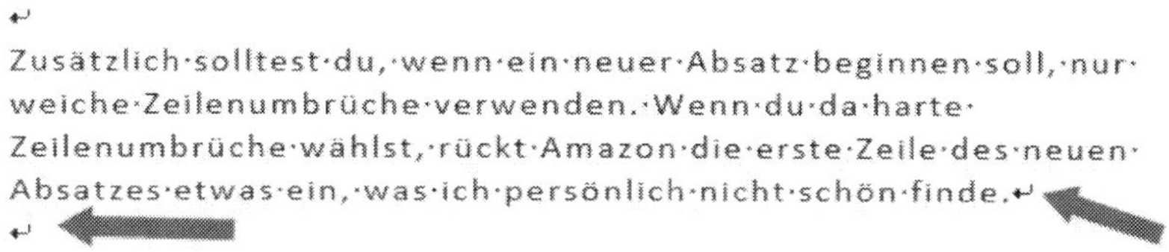
Zusätzlich sollteset du, wenn ein neuer Absatz beginnen soll, nur weiche Zeilenumbrüche verwenden. Wenn du da harte Zeilenumbrüche wählst, rückt Amazon die erste Zeile des neuen Absatzes etwas ein, was ich persönlich nicht schön finde.

Weicher Zeilenumbruch

Wenn du da harte Zeilenumbrüche wählst, rückt Amazon die erste Zeile des neuen Absatzes etwas ein, was ich persönlich nicht schön finde.

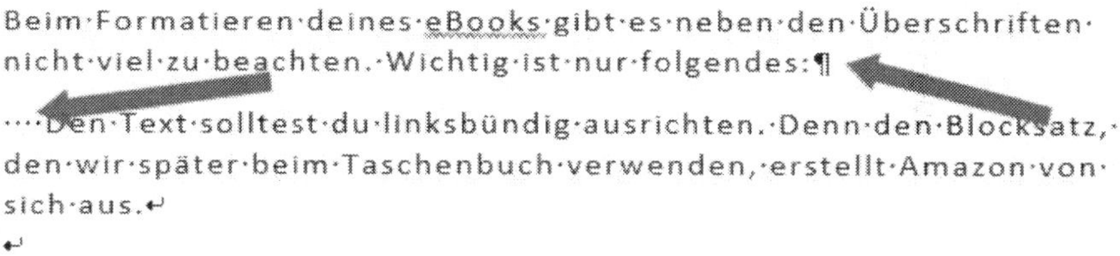
Beim Formatieren deines eBooks gibt es neben den Überschriften nicht viel zu beachten. Wichtig ist nur folgendes:¶

····Den Text solltest du linksbündig ausrichten. Denn den Blocksatz, den wir später beim Taschenbuch verwenden, erstellt Amazon von sich aus.

Harter Zeilenumbruch mit folgender Einrückung (die drei Punkte siehst du dann aber nicht.

Am Ende eines jeden Kapitels solltest du dann noch einen Seitenumbruch machen, damit das nächste Kapitel wieder mit einer neuen Seite beginnt.

Aber bitte nur, wenn ein Kapitel zu Ende ist und nicht, wenn ein Unterkapitel zu Ende ist.

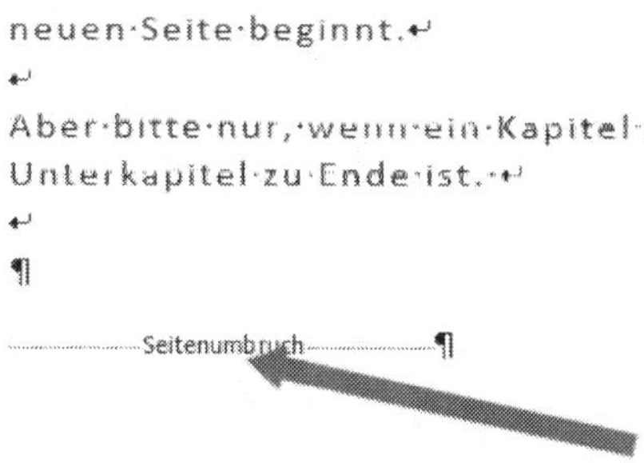
neuen Seite beginnt.

Aber bitte nur, wenn ein Kapitel zu Ende ist und nicht, wenn ein Unterkapitel zu Ende ist.

¶

Seitenumbruch ¶

Seitenumbruch

Den Seitenumbruch erreichst du, wenn dir die „Strg-Taste“ und die „Return-Taste“ gleichzeitig drückst.

So erstellst du dein Taschenbuch

Eines vorweg. Der Text zur Formatierung deines Taschenbuchs ist ein Auszug aus meinem Buch „Passives Einkommen durch Kindle eBook schreiben“. Dort wird das Thema ebenfalls behandelt und ich spare es mir, alles noch einmal zu schreiben.

Ein richtiges Buch in den Händen zu halten ist am Ende doch etwas anderes, als eBook Texte auf dem PC, dem Laptop oder anderen Geräte zu lesen.

Und so ein selbst geschriebenes Taschenbuch ist auch für dich als Autor eine ganz andere Hausnummer, wenn es um dein Selbstwertgefühl geht. Glaube mir das.

Nun denkst du bestimmt, das wird dich viel Geld kosten. Falsch gedacht, denn auch hier übernimmt Amazon, wie bei deinem eBook, die gesamten Kosten einschließlich des Versands. Dich kostet die Erstellung und der Druck deines Buches keinen Cent. Du musst nicht hunderte Bücher vorher kaufen, im Keller lagern und selbst verkaufen.

Jedes bestellte Buch wird erst dann gedruckt, wenn es verkauft ist. Diese Form der Buch-Erstellung nennt man „Print on Demand“. Daher musst du keine Pflichtabnahme tätigen, wie das früher einmal bei den Verlagen so war.

Es besteht also nicht das Risiko, dass du mehrere hundert Bücher in der Garage hast, für die du viel Geld ausgegeben hast und die du dann an deine Freunde und Verwandte verkaufen musst.

Den Preis für dein Buch kannst du selbst bestimmen. Das gilt auch für dein eBook. Amazon zieht davon die Mehrwertsteuer und die Kosten für den Druck beim Taschenbucht oder der Erstellung der verschiedenen Varianten für das eBook ab.

Den Rest teilt Amazon mit dir. Im besten Fall 70% für

dich und 30% für Amazon. Für die 30% übernimmt Amazon die Werbung und den Verkauf komplett für ich. Da musst du dich um nichts kümmern.

Ist das nicht ideal?

Doch nun zu Erstellung deines Taschenbuchs.

Ich beschreibe dir auch hier die Vorgehensweise anhand von Microsoft Word, da ich dieses Programm hier selbst zum Schreiben benutze und die meisten von Euch werden das wohl auch tun. Mit Open Office geht es aber sicher genauso.

Mein nächstes Buch schreibe ich dann wohl mit Papyrus Autor, in der Hoffnung, dass das Endergebnis noch professioneller wird als dieses hier.

Zuerst einmal rufst du in deinem Textverarbeitungsprogramm ein neues Dokument auf, nennst es „Dein Buchtitel – Taschenbuch“ und speicherst dieses leere Dokument schon einmal.

Word öffnet dir immer ein Dokument in der Größe DIN A4. Das kannst du zum Schreiben eines eBooks durchaus verwenden, da Amazon die Größe immer automatisch zu dem Gerät einstellt, mit dem du das eBook liest. Auf einem Handy wird natürlich weniger Text je Seite abgebildet als auf einem Tablet oder einem PC.

Ein Taschenbuch hat allerdings eine feste Größe, die deutlich kleiner ist als DIN A4. Deshalb musst du die Größe deines Text Dokuments gleich noch verändern.

Vorher öffnest du bitte zusätzlich in Word noch das Textdokument deines eBooks und klickst mit der Maustaste einfach in den Text. Drücke dann die „Strg-Taste und gleichzeitig a“. Jetzt ist der ganze Text mit allen Bildern grau invertiert und du kannst mit „Strg und gleichzeitig c“ alles in den Zwischenspeicher verschieben.

Jetzt gehst du zu deinem neuen Dokument „Dein Buchtitel

– Taschenbuch“ und fügst mit „Strg und gleichzeitig v“ den Inhalt des Zwischenspeichers in dein Dokument ein.

Das kopierte Dokument hat jetzt das Format DIN A4 und muss noch in das Format für dein Taschenbuch abgeändert werden.

Dazu rufst du oben im Menü den Punkt „Layout“ auf, gehst auf „Format“ und wählst in dem sich öffnenden Menü ganz unten den Punkt „weitere Papierformate...“

Jetzt öffnet sich ein Popup-Fenster, in das du das Format des Taschenbuchs eintragen solltest.

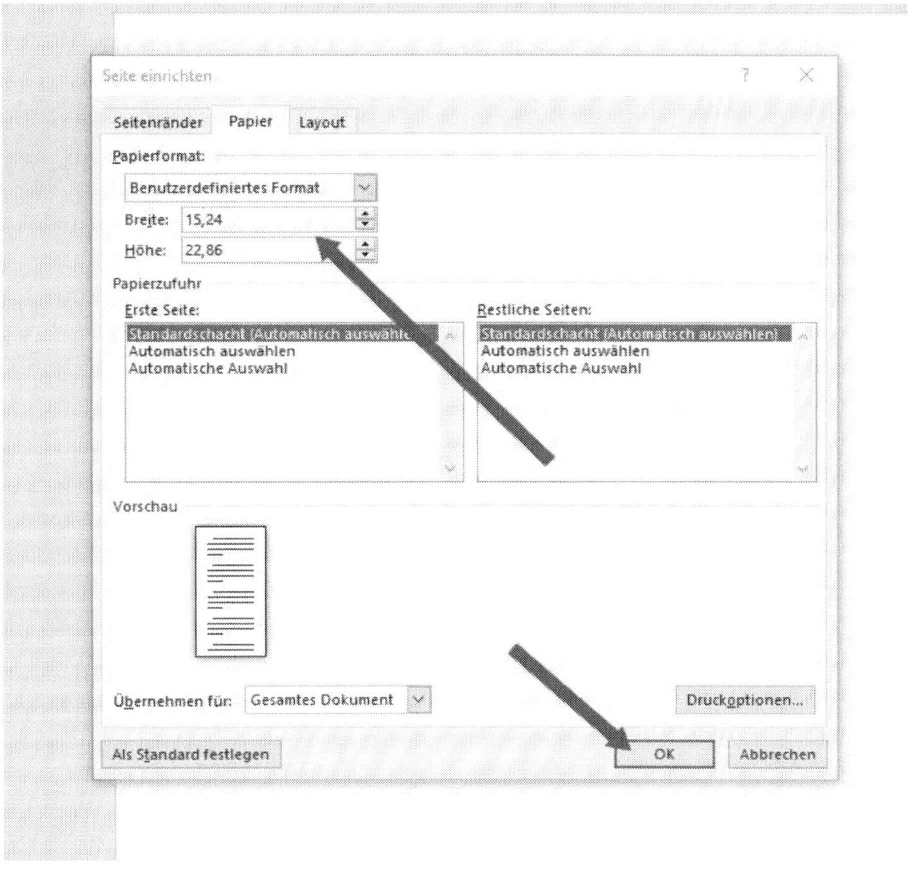

Popup-Fenster zur Formateinstellung bei Microsoft Word

Die Maße, die du hier einträgst, sind:

- Breite 15,24 cm
- Höhe 22,86 cm

Diese Maße hat ein herkömmliches Taschenbuch bei Amazon.de

Anschließend klickst du auf „OK“.

Du siehst jetzt, dass die Textansicht deutlich schmaler geworden ist und die Seitenzahl hat sich deutlich erhöht.

Schalte jetzt bitte noch die Navigation ein, wie wir es beim eBook besprochen haben und dann geht es daran, das Taschenbuch perfekt zu formatieren.

Das Taschenbuch formatieren

Da dein eBook auf verschiedenen Geräten gelesen werden kann, baut Amazon es so um, dass es auf jedem Gerät optimal dargestellt wird.

Dein Taschenbuch jedoch lädst du später als PDF-Datei hoch. Dadurch bleibt das Aussehen genauso, wie du es erstellst.

Deshalb musst du deinen eBook Text jetzt noch so formatieren, dass er für ein Taschenbuch geeignet ist. Aber keine Sorge, das schaffst du leicht.

Damit du die einzelnen Formatierungszeichen siehst, solltest du auch hier folgende Darstellung einschalten.

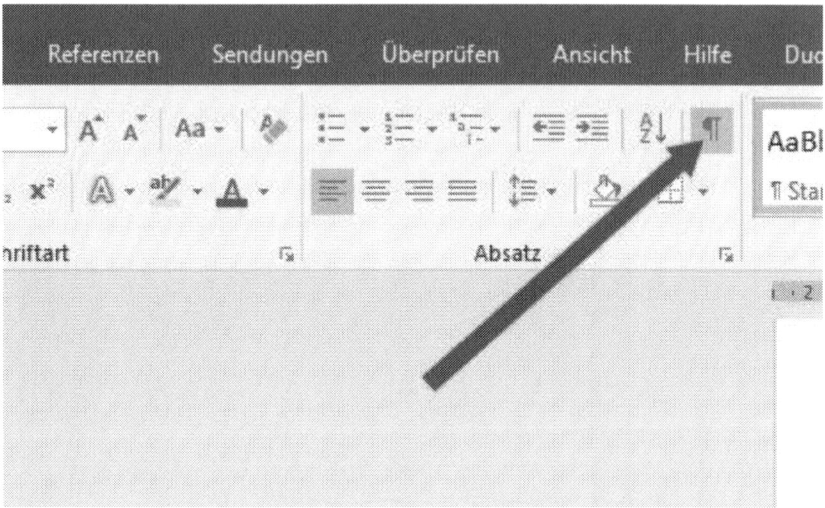

Einschalten der Formatierungszeichen in Microsoft Word

Folgende Punkte sind wichtig:

Schriftart einstellen – für ein Taschenbuch bietet sich die Schriftart „Times New Roman" an. Diese Schrift wird am häufigsten verwendet und liest sich besonders gut.

Auch hier wieder mit „Strg und a" den gesamten Text auswählen und die Schriftart abändern.

Die Schriftgröße – Als Schriftgröße solltest du die Größe von 10 Pixel verwendet. Einige Kindle Autoren, meist die, die Bücher mit wenig Worten veröffentlichen, wählen gern größere Schriften, um die Seitenzahl ihres Taschenbuchs zu erhöhen. In den Rezensionen wird dann aber deutlich, dass Leser da gar nichts von halten. Das kannst du auch wieder für das gesamte Dokument tun.

Klicke jetzt bitte im oberen Menü von Word auf „Home" und dann bei den Überschriften mit der rechten Maustaste auf die Überschrift H1. In dem sich öffnenden Menü stellst du für die Überschrift H1 die Größe 20 Pixel ein. Das gleiche machst du für die Unterüberschrift H2. Hier stellst du die Größe 16 Pixel ein.

Alle Überschriften in deinem Text verändern sich jetzt

automatisch in die gewünschte Größe.

Blocksatz – Ein gutes Buch ist immer im Blocksatz formatiert. Dazu musst du wieder den gesamten Text auswählen (STRG + a) und den Blocksatz des Textprogrammes auswählen.

Wichtig:

Anschließend gehst du den gesamten Text durch und setzt immer in der letzten Zeile jedes Textblocks einen harten Zeilenumbruch, denn sonst wird die letzte Zeile in die Länge gezogen, bis das letzte Wort ganz rechts steht.

Falsch:

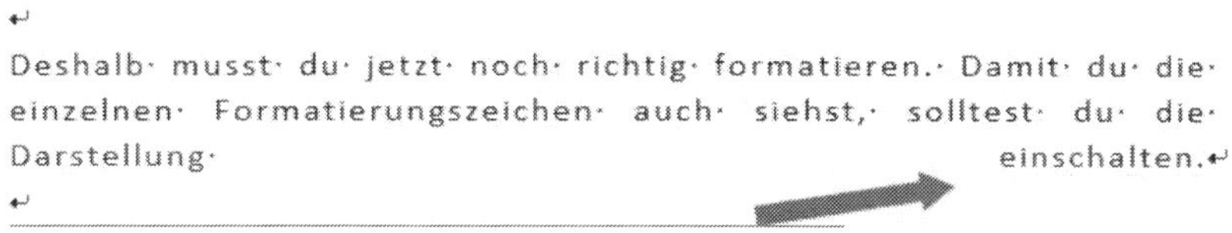
Deshalb· musst· du· jetzt· noch· richtig· formatieren.· Damit· du· die· einzelnen· Formatierungszeichen· auch· siehst,· solltest· du· die· Darstellung· einschalten.↵

Richtig:

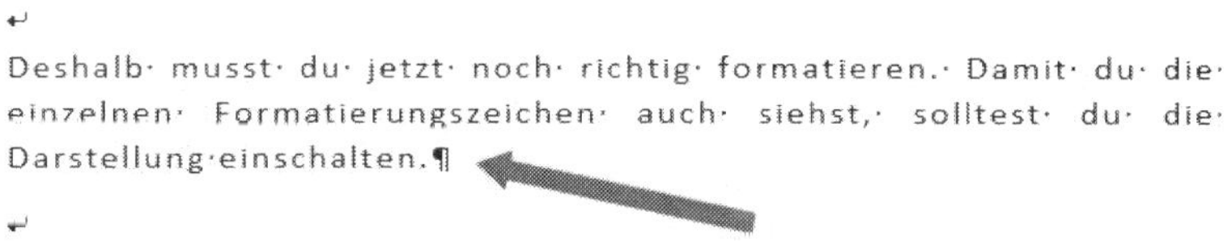
Deshalb· musst· du· jetzt· noch· richtig· formatieren.· Damit· du· die· einzelnen· Formatierungszeichen· auch· siehst,· solltest· du· die· Darstellung·einschalten.¶

Den harten Zeilenumbruch erreichst du, wenn du die „Return-Taste“ drückst.

Die Überschriften sind können manchmal ebenfalls noch im Blocksatz dargestellt sein. Da solltest du ebenfalls einen harten Zeilenumbruch setzen.

Ich zentriere die Überschriften immer, ich finde das schöner. Aber das ist natürlich Geschmacksache.

Seitenumbrüche setzen – Es ist üblich – und macht das Buch auch übersichtlicher – wenn jedes neue Kapitel auch mit einer neuen Seite beginnt. Deshalb solltest du vor jeder neuen Haupt-Überschrift einen Seitenumbruch setzen. Aber das haben wir ja auch schon für das eBook getan.

Einen Seitenumbruch erreichst du, indem du die „Strg-Taste“ und die „Return-Taste“ gleichzeitig drückst.

Das Inhaltsverzeichnis erneuern – durch das neue Seitenformat ändern sich natürlich auch die Seitenzahlen des Inhaltsverzeichnisses, das du ja am Anfang mit kopiert hast.

Deshalb musst du das alte Inhaltsverzeichnis noch löschen und wieder neu einfügen.

Dazu klickst du wieder oben im Menü auf „Referenzen“.

Gehe dann zu deinem Inhaltsverzeichnis im Text und klicke mit der Maus in den Text. Jetzt wird das Inhaltsverzeichnis invertiert dargestellt.

Sollte das nicht der Fall sein, gehe mit dem Curser zum ersten Wort und ziehe dann mit gedrückter, linker Maustaste den Curser bis zum Ende des letzten Wortes. Jetzt sollte das gesamte Inhaltsverzeichnis markiert sein.

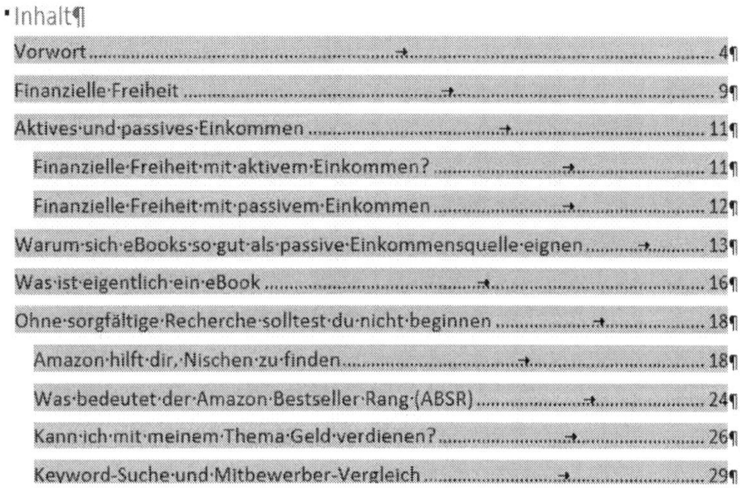
Inhalt¶
Vorwort → 4¶
Finanzielle·Freiheit → 9¶
Aktives·und·passives·Einkommen → 11¶
Finanzielle·Freiheit·mit·aktivem·Einkommen? → 11¶
Finanzielle·Freiheit·mit·passivem·Einkommen → 12¶
Warum·sich·eBooks·so·gut·als·passive·Einkommensquelle·eignen → 13¶
Was·ist·eigentlich·ein·eBook → 16¶
Ohne·sorgfältige·Recherche·solltest·du·nicht·beginnen → 18¶
Amazon·hilft·dir,·Nischen·zu·finden → 18¶
Was·bedeutet·der·Amazon·Bestseller·Rang·(ABSR) → 24¶
Kann·ich·mit·meinem·Thema·Geld·verdienen? → 26¶
Keyword-Suche·und·Mitbewerber-Vergleich → 29¶

Nun klickst du oben links wieder auf den Button

„Inhaltsverzeichnis“ und kannst in dem sich öffnenden Menü ganz unten „Inhaltsverzeichnis entfernen“ anklicken.

Ist das Inhaltsverzeichnis jetzt entfernt, klickst du einfach wieder auf das erste automatische Inhaltsverzeichnis und du erhältst eine aktualisierte Version.

Bilder anpassen

Wenn du, wie ich in diesem Buch, Bilder eingefügt hast, musst du diese noch in die passende Größe bringen. Das geht ganz einfach, indem du auf das Bild klickst und dann dem Mauspfeil (Curser) an einem Eckpunkt ansetzt und das Bild durch schieben zum Mittelpunkt verkleinerst. Aber das kennst du sicher.

Bild verkleinern

Seitenzahlen setzen

Dein Taschenbuch braucht, anders als es bei deinem eBook der Fall ist, feste Seitenzahlen. Denn hier kann der Leser nicht über einen Link die einzelnen Kapitel erreichen, sondern muss zur passenden Seite blättern können.

Das Einfügen der Seitenzahlen ist nicht ganz einfach. Denn deine Seitenzahlen beginnen nicht mit der ersten Seite, also mit dem Buchtitel, sondern erst mit der Einleitung.

Auch ich habe da jedes Mal Probleme das richtig einzustellen und muss mich immer wieder neu informieren um das hinzubekommen. Mir hilft dabei immer ein Video, dass du unter

https://www.youtube.com/watch?v=G8tdAF-SYdk

ansehen kannst. Folge genau dieser Anleitung und deine Seitenzahlen passen perfekt.

Deine ISBN-Nummer

Jedes gedruckte Buch muss eine ISBN-Nummer haben. Damit du die nicht kaufen musst, stellt dir Amazon beim Hochladen und Einrichten deines Taschenbuchs eine Amazon-eigene ISBN-Nummer zur Verfügung.

Verschiedene Punkte deines Taschenbuchs werden bei der Vergabe der ISBN-Nummer festgeschrieben und können nachträglich nicht mehr geändert werden.

Das sind in der Hauptsache:

- Die Sprache

- Der Buchtitel
- Der Untertitel
- Die Auflage
- Der Name des Autors
- Das Veröffentlichungsdatum
- Das Buchformat und die Einstellungen zum Druck

Sollte daran etwas zu ändern sein, musst du dein Taschenbuch unter einer neuen ISBN-Nummer noch einmal veröffentlichen und das alte Taschenbuch löschen lassen.

Rechtliche Hinweise

So, dein Buch-Text ist jetzt fertig. Du hast die ersten 10 – 20 Seiten besonders sorgfältig behandelt, da es sich hier u den Blick ins Buch handeln könnte. Und du eine umwerfende Buchbeschreibung geschrieben.

Was jetzt auf jeden Fall für dein eBook ebenso wie für dein Taschenbuch noch fehlt, sind die rechtlichen Hinweise wie:

- Urheberrecht
- Impressum mit Kontakt
- Haftung für Links (falls vorhanden)
- Haftungsausschluss
- Disclaimer (bei Themen rund um die Gesundheit)

Diese Texte wollen wir zum Schluss jetzt noch besprechen.

Eines jedoch vorweg: Die Texte, die ich dir hier zeige, sind die, die ich verwende. Ich betreibe hier ausdrücklich keine Rechtsberatung. Das kann ich nicht und das darf ich auch nicht.

Wenn du hinsichtlich deiner Rechtstexte sicher gehen willst, hole dir anwaltlichen Rat. So ein Informationsgespräch kostet nicht die Welt.

Da diese Texte für jedes deiner Bücher gleichbleiben, musst du sie nur einmal schreiben und kannst sie immer wieder verwenden.

Außerdem sind sie bei fast allen Büchern nahezu gleich, sodass du dich vielleicht auch an anderen Büchern orientieren kannst.

Mein Vorschlag wäre, dich zusätzlich über die Bedeutung der einzelnen Texte zu informieren.

Urheberrecht

Als Urheber oder Copyright bezeichnet man den Schöpfer eines Werkes, wie dein Buch es ja ist. Der Urheber hat das Recht, über die Verwertung seines Werkes zu entscheiden.

Dein Text zum Urheberrecht kann wie folgt aussehen:

Dieses eBook ist urheberrechtlich geschützt.

Alle Rechte liegen beim Autor.

Jegliche Vervielfältigung, auch auszugsweise, durch Kopieren, Übersetzen, Speichern in Datenbänke oder elektronische Systeme sowie auf Mikrofilmen usw. ist ausdrücklich untersagt.

Zuwiderhandlung wird zivil- und strafrechtlich verfolgt.

Sie erhalten ausdrücklich kein Wiederverkaufsrecht an diesem Buch oder eBook.

Impressum mit Kontakt

Jedes Buch braucht ein Impressum mit einer ladungsfähigen Adresse. Das heißt, dein Leser muss die Möglichkeit haben, dich postalisch zu erreichen. Eine Mailadresse reicht da nicht.

Nun gibt es eine Vielzahl an Autoren, die ihre Bücher

nicht unter ihrem eigenen Namen veröffentlichen, sondern ein Pseudonym verwenden. Das ist absolut in Ordnung und bei manchen Themen vielleicht auch angebracht.

Ich persönlich mache das nicht, da ich meine Bücher in einer Nische, hier „Geld verdienen im Internet" veröffentliche und meinen Namen als Marke für gute Bücher ausbaue.

Aber auch, wenn du ein Pseudonym benutzt, musst du zusätzlich deinen richtigen Namen und deine richtige Adresse im Impressum angeben.

Das könnte dann ungefähr so aussehen:

Impressum Copyright © 2019

Autor: Werner Jedermann

1. Auflage

Alle Rechte vorbehalten.

Nachdruck, auch auszugsweise verboten Kein Teil dieses Werkes darf ohne schriftliche Genehmigung des Autors in irgendeiner Form reproduziert, vervielfältigt oder verbreitet werden.

Druckerei: Amazon Media EU S.á r.l., 5 Rue Plaetis, L-2338, Luxembourg

Fotos: www.pixabay.com

Coverbild: ©shirtartanya – Fotolia.com #208280343

Covergestaltung: mwj-media

Kontakt:

Michael Jäckel

Naumburger Str. 10

31177 Harsum

Haftung für Links

Sollte dein Buch Links zu anderen Webseiten haben, macht es Sinn, auch einen Haftungsausschluss für diese Links zu veröffentlichen.

Der Text könnte folgendermaßen aussehen:

Dieses Buch / eBook enthält Links zu externen Webseiten Dritter, auf deren Inhalte wir keinen Einfluss haben. Deshalb können wir für diese fremden Inhalte auch keine Gewähr übernehmen. Für die Inhalte der verlinkten Seiten ist stets der jeweilige Anbieter oder Betreiber der Seiten verantwortlich.

Haftungsausschluss

Der Haftungsausschluss dient dazu, eventuelle Ansprüche, die sich aus der fehlerhaften Nutzung der im Buch vorgestellten Vorgehensweisen ergeben, abzuwehren. Ebenso Ansprüche, die sich ergeben könnten, wenn du etwas Falsches geschrieben hast.

Bei mir sieht das so aus:

Die Inhalte dieses Buches wurden mit größter Sorgfalt nach bestem Wissen und Gewissen erarbeitet und niedergeschrieben. Für die Richtigkeit, Vollständigkeit, Qualität und Aktualität der Informationen und Inhalte können wir jedoch keine Gewähr übernehmen. Sie spiegeln die persönliche Meinung des Autors wider.

Der Autor übernimmt daher keine juristische Verantwortung oder Haftung für Schäden, die durch eventuelle Fehler oder kontraproduktive Ausübung durch den Leser entstehen. Es kann auch keine Garantie auf Erfolg übernommen werden.

Der Autor übernimmt daher keine Verantwortung für das Nicht-Erreichen der im Buch beschriebenen Ziele.

Sollten Inhalte des Buches gegen geltendes Recht verstoßen, dann bittet der Autor um umgehende Benachrichtigung. Die betreffenden Inhalte werden dann entfernt oder geändert.

Der Autor übernimmt für die Art oder Richtigkeit der Inhalte keine Garantie, weder ausdrücklich noch impliziert.

Für fehlerhafte Angaben des Autors kann keine juristische Verantwortung sowie Haftung in irgendeiner Form übernommen werden. Auch können Druckfehler und Falschinformationen nicht vollständig ausgeschlossen werden.

Disclaimer

Ein Disclaimer empfiehlt sich besonders, wenn es in deinem Buch um Gesundheitsfragen geht.

Der Disclaimer könnte so ähnlich aussehen wie:

Die hier dargestellten Inhalte dienen ausschließlich der neutralen Information und allgemeinen Weiterbildung. Sie stellen keine Empfehlung oder Bewerbung der beschriebenen oder erwähnten diagnostischen Methoden, Behandlungen oder Arzneimittel dar. Der Text erhebt weder einen Anspruch auf Vollständigkeit noch kann die Aktualität, Richtigkeit und Ausgewogenheit der dargebotenen Information garantiert werden.

Der Text ersetzt keinesfalls die fachliche Beratung durch einen Arzt oder Apotheker und er darf nicht als Grundlage zur eigenständigen Diagnose und Beginn, Änderung oder Beendigung einer Behandlung von Krankheiten verwendet werden. Konsultieren Sie bei gesundheitlichen Fragen oder Beschwerden immer den Arzt Ihres Vertrauens!

Der Autor übernimmt keine Haftung für Unannehmlichkeiten oder Schäden, die sich aus der Anwendung der hier dargestellten Information ergeben.

Pflichtabgabe an die Deutsche Nationalbibliothek

Auch dieser Teil ist ein Auszug aus meinem Buch „Passives Einkommen durch Kindle eBook schreiben“.

Viele Autoren wissen nicht, dass sie von jedem Taschenbuch, das sie veröffentlichen, eine Pflichtabgabe an die Deutsche Nationalbibliothek abliefern müssen. Kindle eBooks sind dagegen nicht abgabepflichtig. Sie können aber als ePup-Format freiwillig abgegeben werden.

Die Pflichtabgabe beruht auf dem Gesetz über die Deutsche Nationalbibliothek (DNBG) vom 22.06.2006 und der Pflichtablieferungsverordnung (pflAV) vom 17.10.2008.

Die Pflichtabgabe betrifft alle gewerblichen und nichtgewerblichen Verleger, Selbst- oder Eigenverleger sowie Institute, Gesellschaften und Körperschaften, die Medienwerke verbreiten und ihren Sitz in Deutschland haben.

Wichtig zu wissen:

Dein Taschenbuch muss in zweifacher Ausführung auf eigene Kosten in einwandfreiem Zustand, also unbenutzt innerhalb einer Woche nach Erscheinen bei der Deutschen Nationalbibliothek abgeliefert werden.

Die beiden Taschenbücher sind spätestens eine Woche nach Erscheinen an die

Deutsche Nationalbibliothek

Deutscher Platz 1

04103 Leipzig

zu senden, wenn du deinen Wohnsitz in Berlin,

Nordrhein-Westfalen oder in den neuen Bundesländern hast.

Wohnst du in den anderen Bundesländern, geht deine Pflichtabgabe an die

Deutsche Nationalbibliothek

Adickesallee 1

60322 Frankfurt am Main

Solltest du dieser Abgabepflicht nicht nachkommen, droht dir ein Bußgeld in Höhe von 10.000,00 Euro.

Außerdem bist du verpflichtet, auf Anfrage Auskünfte zu erteilen.

Solltest du Änderungen an deinem Taschenbuch durchführen, musst du das veränderte Buch unter einer **neuen ISBN-Nummer** erneut einreichen.

Hier solltest du dich unbedingt rechtzeitig ausgiebig informieren. Nachzulesen ist das unter

http://www.dnb.de/DE/Erwerbung/Pflichtablieferung/pflichtablieferung_node.html

Abgabe an die Landesbibliotheken

In einigen Bundesländern besteht zusätzlich die Pflicht, das Taschenbuch auch in zweifacher Ausführung an die Landesbibliotheken zu senden.

Auch hier richtet sich die Abgabestelle nach dem Wohnsitz. Welche Abgabestelle für dich zutrifft, findest du in einer Übersicht bei Wikipedia.

https://de.wikipedia.org/wiki/Pflichtexemplar#Ablieferung

Wichtig:

Jedes Mal, wenn an deinem Taschenbuch etwas geändert wird, musst du neue Exemplare einreichen, damit dort immer die aktuelle Version hinterlegt ist.

Zu guter Letzt

So, jedes Buch hat einmal ein Ende und auch bei diesem Buch ist das nicht anders. Und wie bereits besprochen wartet jetzt das Schlusswort auf dich.

Mein Ziel war es, dir zu zeigen wie du rationell und schnell Ratgeber-Bücher schreiben kannst, um dir damit im Amazon Kindle Shop ein solides Einkommen aufzubauen.

Wie schnell du bist, hängt natürlich davon ab, wie viel Zeit du täglich investieren kannst. Jemand, der nur in seiner Freizeit schreibt, braucht da natürlich mehr Tage als jemand, der das Schreiben schon zu seinem Beruf gemacht hat und mehrere Stunden am Tag zur Verfügung hat.

Der Weg zum eigenen Buch ist eigentlich immer der gleiche. Er beginnt mit der Suche nach einer großartigen Idee.

Da wir Sachbücher schreiben, stellt jedes Thema eine Hilfe dar. Hilfe bei der Lösung eines Problems oder der Erfüllung eines Wunsches.

Ist die Idee gefunden geht es daran, zu recherchieren was nötig ist, um das Problem zu lösen oder den Wunsch zu erfüllen. Hier wirst du eine Unmenge Informationen zusammentragen, die in eine logische Reihenfolge gebracht am Ende dein Buch ausmachen.

Ich musste einmal eine negative Rezension über eines meiner Bücher lesen, die ungefähr folgendes ausgesagt hat:

Was ich in diesem Buch gefunden habe sind Dinge, die ich auch bei einer gründlichen Such bei Google kostenlos gefunden hätte...

Stimmt genau! Natürlich ist das richtig. Mit Hilfe von

Google kannst du im Internet alles finden.

Doch das trifft auf jedes Sachbuch zu. Hier geht es nicht um Fantasie wie bei einem Krimi oder einem Liebesroman. Hier geht es um Tatsachen. Und die sind nun einmal so wie sie sind.

Man kann sich hinsetzen, kannst stundenlang suchen, kann dann die einzelnen Informationen zusammentragen, logisch ordnen und daraus lernen.

Oder aber du gibst ein paar Euro aus und kaufst dir ein gut geschriebenes Sachbuch, indem du alle Fragen beantwortet bekommst. Logisch aufgebaut, der Reihe nach und am Ende hast du die Lösung deines Problems, hast deinen Hasenstall gebaut oder deinen Gartenteich angelegt. Und genau das ist es, was du und ich und was alle wollen, die Sachbücher schreiben.

Ein Sachbuch schreiben ist Fleißsache. Themensuche, Keyword-Analyse, Recherche, Aufarbeiten, Nachbereiten usw. sind Dinge, die nach und nach sorgfältig ausgeführt, unweigerlich zu einem guten Sachbuch führen.

Ist das Buch erst einmal fertig und du bist damit zufrieden, werden auch deine Leser damit glücklich sein. Der Lohn dafür ist, dass du dauerhaft Geld damit verdienst.

Passives Einkommen nennt man das. Einmal geschrieben, wirst du für lange Zeit Geld damit verdienen.

Zugegeben, deine Sachbücher solltest du dir einmal im Jahr wieder vornehmen und auf Aktualität überprüfen. Vielleicht findest du auch zufällig weitere oder neuere Informationen, mit denen du deinen Text noch ergänzen könntest. Kein Problem.

In deinem Amazon Kindle Account kannst du jederzeit den Text deines eBooks und deines Taschenbuchs ändern. Das gilt auch für deine Buchbeschreibung und deine Keywords.

Lediglich beim Taschenbuch gibt es Einschränkungen, da dafür ja von Amazon eine ISBN-Nummer vergeben wird. Weiter oben haben wir das ja schon besprochen.

Aber bitte nicht vergessen: Bei jeder Änderung deines Taschenbuchs immer das aktuelle Buch bei der Deutschen Nationalbibliothek und eventuell bei der Landesbibliothek einreichen.

So viel noch zum Schluss. Ich hoffe, du wirst nach dieser Anleitung viele wirklich gute Sachbücher schreiben und dir damit einen Pool von Büchern anlegen, die dir Monat für Monat ein solides Einkommen bescheren.

Ich wünsche es dir und ich bin sicher, dass du das auch schaffst.

Ich würde mich freuen, wenn du mir deine Bücher einmal vorstellst. Schicke mir einfach eine Nachricht an michael-kindle@web.de.

Das gilt natürlich auch, wenn du an diesem Buch etwas zu bemängeln hast oder einen Vorschlag unterbreiten möchtest, was noch fehlen könnte und in meinem 2. Buch zum Thema auch nicht steht.

Wie war die Reise ins Land der Buch Autoren?

Jetzt kommen wir zu einem Teil des Buches, in dem ich dich um einen kleinen Gefallen bitten möchte. Wir haben ja schon darüber gesprochen, Rezensionen sind ein wichtiger Bestandteil des Marketings auf Amazon. Deshalb schreibt Amazon auch oft Kunden nach einem Kauf an und bittet sie, die gekauften Produkte zu bewerten.

Neue Kunden verlassen sich auf deine Rezensionen, wenn sie ihre Kaufentscheidung treffen.

Und so ist es auch mit meinen Büchern. Deine Rezension hilft meinen Büchern, innerhalb des Amazon-Marktplatzes besser sichtbar zu werden.

Solltest du Gefallen an meinem Buch gefunden haben, wäre ich dir sehr dankbar für deine Bewertung.

Um eine Bewertung zu hinterlassen, gehst du einfach noch einmal zur Produktseite oder gibst auf Amazon den Suchbegriff „Buch schreiben“ ein. Dann wählst du mein Buch aus.

Wenn du dort ganz herunter scrollst, findest du die Möglichkeit, eine Rezension abzugeben. Bewerte das Buch mit ein paar kurzen Sätzen, das dauert nur wenige Minuten.

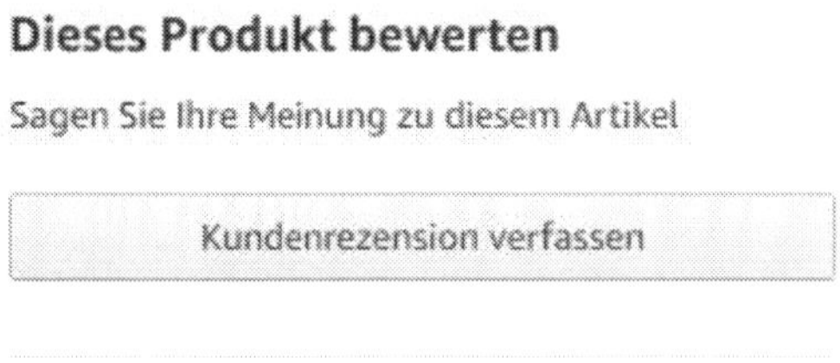

Schreib einfach, was dir ganz besonders gut gefallen hat und natürlich (konstruktiv), solltest du etwas vermisst haben.

Ich lese wirklich jede Bewertung und jedes Feedback, dass du mir unter michael-kindle@web.de sendest, und beantworte deine Fragen.

Das hilft mir dabei, meine Bücher stetig zu verbessern und den persönlichen Kontakt zu meinen Lesern zu intensivieren.

Schon jetzt herzlichen Dank für deine Unterstützung.

Ich wünsche dir viel Spaß und viel Erfolg beim Schreiben

deiner eBooks und Taschenbücher.

Michael Jäckel

In eigener Sache

In dem Buch, das du in den Händen hältst oder gerade als eBook gelesen hast, geht es darum, wie du ein optimales Sachbuch innerhalb möglichst kurzer Zeit schreiben kannst.
Wie du mit deinem Buch dann richtig gutes Geld verdienen kannst, liest du in einem weiteren Buch von mir. Ich habe das ja schon das eine oder andere Mal angesprochen.
Dieses Buch siehst du hier.

Hier beschreibe ich Schritt für Schritt genau das Veröffentlichen eine eBooks im Amazon Kindle Shop.

Denn glaube mir, gerade mit dem Schreiben oder Schreiben lassen von Büchern lässt sich der Wunsch nach passivem Einkommen am besten verwirklichen.

In diesem Buch erfährst du wirklich alles, das du brauchst, um dein Buch über Amazon zu verkaufen.

Schau dir am besten meine Buchbeschreibung auf Amazon an. Du findest es unter

https://amzn.to/2PVhRHu.

Impressum

Copyright © 2019 mwj-media Michael Jäckel

Autor: Michael Jäckel

1. Auflage

ISBN: 9781796656763

Alle Rechte vorbehalten.

Nachdruck, auch auszugsweise verboten.

Kein Teil dieses Werkes darf ohne schriftliche Genehmigung des Autors in irgendeiner Form reproduziert, vervielfältigt oder verbreitet werden.

Druckerei: Amazon Media EU S.á r.l., 5 Rue Plaetis, L-2338, Luxembourg

Erstauflage Februar 2019

Fotos: Abbildungen verschiedenen Webseiten

Cover-Bild: © Jackfrog . Fotolia.com #90874156

Covergestaltung: mwj-media

Urheberrecht

Alle Inhalte dieses Werkes sowie Informationen, Strategien und Tipps sind urheberrechtlich geschützt.

Alle Rechte sind vorbehalten.

Jeglicher Nachdruck oder jegliche Reproduktion – auch nur auszugsweise – in irgendeiner Form wie Fotokopie oder ähnlichen Verfahren, Einspeicherung, Verarbeitung, Vervielfältigung und Verbreitung mit Hilfe von elektronischen Systemen jeglicher Art (gesamt oder nur auszugsweise) ist ohne ausdrückliche schriftliche Genehmigung des Autors strengstens untersagt.

Alle Übersetzungsrechte vorbehalten.

Die Inhalte dürfen keinesfalls veröffentlicht werden. Bei Missachtung behält sich der Autor rechtliche Schritte vor.

Haftungsausschluss

Die Inhalte dieses Buches wurden mit größter Sorgfalt nach bestem Wissen und Gewissen erarbeitet und niedergeschrieben.

Für die Richtigkeit, Vollständigkeit, Qualität und Aktualität der Informationen und Inhalte können wir jedoch keine Gewähr übernehmen.

Sie spiegeln die persönliche Meinung, die ausführliche Recherche und die Meinung des Autors wider.

Der Autor übernimmt daher keine juristische Verantwortung oder Haftung für Schäden, die durch eventuelle Fehler oder kontraproduktive Ausübung durch den Leser entstehen. Es kann auch keine Garantie auf Erfolg übernommen werden.

Der Autor übernimmt keine Verantwortung für das Nicht-Erreichen der im Buch beschriebenen Ziele.

Sollten Inhalte des Buches gegen geltendes Recht verstoßen, bittet der Autor um Benachrichtigung. Die betreffenden Inhalte werden dann umgehend entfernt oder geändert.

Der Autor übernimmt für die Art oder Richtigkeit der Inhalte keine Garantie, weder ausdrücklich noch impliziert. Für fehlerhafte Angaben kann keine juristische Verantwortung sowie Haftung in irgendeiner Form übernommen werden.

Druckfehler und Falschinformationen können nicht vollständig ausgeschlossen werden.

Haftung für Links

Dieses Buch enthält Links zu externen Webseiten Dritter, auf deren Inhalte wir keinen Einfluss haben. Deshalb kann für die fremden Inhalte keine Gewähr übernommen werden.

Für die Inhalte der verlinkten Seiten ist stets der jeweilige Anbieter oder Betreiber der Seiten verantwortlich. Die verlinkten Seiten wurden zum Zeitpunkt der Verlinkung auf mögliche Rechtsverstöße überprüft. Rechtswidrige Inhalte waren zum Zeitpunkt der Verlinkung nicht erkennbar.

Eine permanente inhaltliche Kontrolle der verlinkten Seiten ist jedoch ohne konkrete Anhaltspunkte einer Rechtsverletzung nicht zumutbar. Bei Bekanntwerden von Rechtsverletzungen werden wir derartige Links umgehend entfernen.

46076343R00080

Printed in Poland
by Amazon Fulfillment
Poland Sp. z o.o., Wrocław